KB202270

1 년 의
미 라 클

.

나를 찾는 1년,
일하고픈 엄마의 삶을 바꾼
어썸인생 프로젝트

1 년 의
미 라 클

류지연 지음

A YEAR
OF
MIRACLES

반니

차례

그녀는 꿈을 잊고 살았습니다.

일을 삶의 가운데에 두고 앞만 보고 달려온 지난날, 20년이 훌쩍 넘었습니다. 어느덧 자의와 타의로 회사를 그만두어야 한다는 것을 알았지만, 어떻게 빠져나와야 할지 몰랐습니다. 하지만 그녀의 가장 큰 문제는 '과연 회사를 나와서 무엇을 할 수 있을까?'였습니다.

2002년 사회에 첫발을 내딛었습니다. 2년 후 두 번째 회사이자 마지막 회사에 둥지를 틀고, 일에 매진했습니다. 20대 후반에 결혼을 하며 취업, 이직, 결혼까지 순탄하게 보이는 삶을 살았지만, 임신과 출산은 결코 쉽지 않았습니다. 하지만 그녀는 포기 대신 업무 일정을 쪼개어 수년간 여러 병원을 다닌 끝에, 마침내 40대의 문턱에서 임신에 성공했습니다.

그렇게 그녀는 세쌍둥이 엄마가 되었습니다. 기쁨도 잠

시, 아이들의 성장과 함께 엄마의 손이 절실해지는 것은 피할 수 없는 현실입니다. 결국, 그녀는 육아휴직을 결정합니다. 복직 후 2년 8개월 만의 일이었습니다. 하지만 그녀의 휴직은 이전 휴직과는 조금 다른 의미를 지녔습니다. 이 글을 읽는 40대 직장인 여성이라면 누구나 공감할 것일 텐데요, 그녀의 휴직은 휴직이라고 쓰인 예정된 퇴직이라 해야 맞을 겁니다.

휴직을 가장한 퇴직 결정. 그것은 잠 못 드는 까마득한 시간이 꽤 있은 끝에 내린, 쉽지 않은 결정이었습니다.

육아휴직과 동시에 '24시간 육아'라는 역동적인 삶에 적응하기 바빴습니다. 거기에 2022년, 그녀의 삶에도 코로나19가 덮쳤습니다. 유치원에서 시작된 감염은 온 가족을 돌아 마지막으로 그녀에게도 찾아왔습니다. 온 가족이 격리 해제가 되던 날, 그녀의 격리 기간은 홀로 시작되었습니다. 스스로 몸을 가둔 일주일은 생각 이상으로 답답했습니다. 창밖으로 보이는 바깥은 더없이 평온하고 따사로웠지만, 그녀는 혼자였고, 아팠습니다. 통증의 근원은 감염 때문만은 아니었습니다. 격리가 해제되고 세상 밖으로 나갈 때를 생각하면 뭔가 찔러대듯 가슴이 따끔거리는 것 같았습니다. 격리 해제 1일 차에 그녀의 머릿속을 어지럽게 할 대답이 짐작됩니다. '나, 이제 어떻게 해야 해?'

세상 밖 출근 1일 차, 아무런 준비도 되지 않은 채 세상 밖으로 내던져진 그녀입니다. 가슴은 썰렁했지만, 4월의 봄은 너무나 따뜻했습니다.

이제부터 그녀의 인생은 오롯이 자신의 것입니다. 지금 껏 일을 위해 자기 시간을 쏟아부었던 삶으로부터, 온전히 자기만을 위해 살아야 할 삶의 새로운 노선을 탄 것입니다. 일과 나를 동일시해왔습니다. 물론 싫지 않았습니다. 마음껏 누리고 즐겼던 순간들도 분명히 있었습니다. 하지만 회사와 내가 영원한 파트너가 될 수 없다는 것은 현실입니다. 시간이 흐를수록 회사는 익숙한 것과의 결별을 암시합니다. 그녀는 그 시그널을 회사라는 삶의 도처에서 느낄 수 있었습니다. 그녀와 같은 처지라면 누구나 공감할 내용이겠지요.

휴직 후 그녀가 가장 먼저 시작한 일은 무너진 몸을 다시 세우는 일이었습니다. 체력단련을 시작으로 온전히 자신을 위한 '하고 싶은 것 다 해 프로젝트'를 시작했습니다. 주위에서는 뒤늦은 사춘기가 온 거냐며 우려했고, 그녀 자신도 휘청휘청 불안의 늪으로 빠지기도 했습니다. 하지만, 이미 스스로 결정한 운명의 길로 들어섰고, 이제 지금껏 소홀했던 자기 자신에게 애정을 쏟고 관심을 가질 시간이 온 것을 그녀는 잘 알고 있습니다.

퇴사를 위한 휴직 후 1년. 생각해보면, 자신을 위해 단 '1년' 쓰기를 우리는 왜 그렇게 힘들어하고, 아까워했을까. 그녀는 이제부터 '1년' 쓰기를 자기 갱생의 목적이라고 자신에게 선언합니다. 그리고 그 일상의 기록을 공유함으로써, 회사를 떠난 마흔 이후의 존재도 얼마든지 자기 삶을 스스로 살아낼 힘이 있음을 증명하고자 합니다. 그렇게 그동안 전부였던 22년 차 직장인, 세쌍둥이 엄마라는 타이틀 외에 진짜 그녀의 인생을 찾는 어썸 프로젝트를 시작합니다. 그리고 단 1년 만에 크리에이터, 커뮤니티 리더, 강사, 작가로 끊임없는 삶의 미라클을 만들어냅니다.

두려움에 휩싸여서 단 한 발짝도 움직이지 못하면, 언제나 그 자리에 머물 뿐입니다. 그러다 때가 다다르면 그 자리에서 아무것도 준비하지 않은 채 밀려날 뿐입니다.

인간은 홀로 태어나서 홀로 사라집니다.
이제 당당하게 내 인생을 살았으면 합니다.

1장

무채색
인생이여,
안녕

A YEAR
OF
MIRACLES

삶의 변곡점을 맞이한다면, 나는 그러데이션 없이
지나온 면과 새롭게 살아갈 절단면이 명확했으면 했다.
칼같이 결심하고, 그날로 안녕할 수 있는.

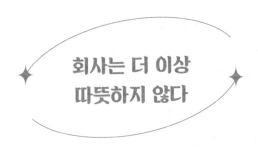

회사는 더 이상 따뜻하지 않다

미쳤다.

새벽 4시, 알람을 끄면서 내가 나에게 읊조린 말이다. 퇴사 후 세상 밖 출근 1일 차. 물론 사전적인 의미의 일을 하러 가는 것은 아니다. 전에는 상상할 수 없었던 시간이다. 나를 위한 시간을 보내러 아파트 2층 체력단련실로 간다. 지금부터 적어도 2시간은 온전히 나만의 시간이다. 평일 깜깜한 새벽, 체력단련실에서 밤새 뻣뻣해진 몸을 풀고 있는 나, 여전히 이 순간이 실감 나지 않는다. 러닝머신 위를 달리며 잠시 생각에 빠져들었다.

아침마다 출근길은 전쟁이었다. 현관문을 박차고 나선다. 줄줄이 세 녀석을 달고 일단 뛰다시피 걷는다. 울고 짜증 내는 아이들의 원성에 귀를 막고 어린이집에 밀어 넣고 나면 1차 관문 통과. 도로는 러시아워. 차를 포기하고 지하철을 탄다. 타자마자 몸은 허공에 낀 상태로 1시간 남짓, 마포에서 강남까지 떠밀려 도착하면 내 몸은 이미 녹초. 여기서 끝이면 다행이겠지만, 출입문이 열리자마자 이번에는 스퍼트! 계단을 뛰어올라 개찰구까지 겹겹이 쌓인 인파를 통과하면 성공!

이렇게 기진맥진한 상태로 빌딩 문을 밀고 들어서면 출근 여정의 끝인 줄 알겠지만, 엘리베이터는 딱 둘, 뱀처럼 길게 늘어진 줄은 줄어들 줄 모르고 9시까지는 이제 단 7분. 당신이라면 이 상황에서 어떻게 할까. 그래, 뛴다. 뛰어서 12층을 올라간다. 넘어갈 듯한 숨통을 부여잡고 도착. 두 번째 손가락에 '후' 하고 힘껏 입김을 불어 넣고 지문인식으로 출근 도장 쾅! 문을 밀치고 들어서면, 내 몸은 온통 땀범벅에 머리는 산발이 되어 있다. 이 몰골은 누가 봐도 출근이 아니라 퇴근하는 자의 모습인데, 난 지금 막 출근했다.

하루 전까지 현실이었던, 사실 지금도 현실보다 더욱 현실 같은 과거형의 내가 머릿속에서 여전히 현실처럼 살아가고 있는 느낌이다. 21년 차 직장인, 회사 밖 일탈의 첫날이니 그럴 만도 하다 싶다. 회사를 떠나면 다시는 새벽을 볼 일이 없을 줄 알았다. 지긋지긋했으니까. 그런데 나는 자발적으로 이 시간을 선택했다. 심지어 더 이른 시간이다. 이 시간에 잠든 적은 많았지만, 일어난 적은 없다. 그러니 분명 내 입에서 '미쳤다'라는 말이 나오는 게 이상한 일은 아니다.

회사 복직,
그리고 새로운 시작

육아휴직 후 복직했을 때다. 자리를 비운 것은 2년이 채 되지 않은 기간이었지만, 다시 돌아간 회사의 분위기는 사뭇 달랐다. 20년 가까이 오갔던 회사였기에 익숙할 줄 알았다. 하지만 익숙한 듯 낯설었다. 여전히 각자의 자리에서 열심히 일하는 동료들과 새로운 얼굴들이 어우러져 있었고, 무엇보다 내 직책이 바뀌었다. 해외영업팀 팀장이라는 타이틀이 사라졌다. 우리 팀이 맡았던 브랜드와의 사업이 종결되면서 사내 조직이 개편되었고, 팀원들은 뿔뿔이 흩어진 상태였다. 이러한 상황에서 내가 이전 자리로 돌아가지 못한 것은 당연한 일이었다.

결국 나는 사업 담당 직속의 영업 전략팀으로 발령받았다. 신설된 1인 팀이었다. 한때 25명과 함께 일했던 팀을 떠올리니 처음에는 어색하기만 했다. 하지만 인간은 적응의 동물이 아니던가. 나는 그동안의 공백을 메꾸기 위해 다시 일에 몰입했다. 자고로 남의 돈을 공짜로 먹는 법은 없다. 회사에서 월급을 받는 자라면 응당 그에 맞는 성과를 내야 한다. 게다가 일정 기간 성과 없이 운영되는 신규 조직은 오래 존속할 수 없다. 모두가 동의할 수 있는 가치를 만들어내야 한다. 그렇게 조금 다른 환경에서 나의 복직은 시작되었다.

정신없이 일하고 있는 와중 핸드폰에 돈이 입금됐다는 알림이 떴다. 날짜를 보니 25일이다. 오늘은 월급으로 금융치료를 받는 날이다. 하지만 금액을 확인할 겨를도 없이 시선은 모니터 속 어지러운 숫자를 향했다.

"식사하고 하시죠?" 어디선가 들려오는 반가운 목소리다. 책상 위 나뒹구는 핸드폰을 뒤집어 시간을 확인했다. 점심시간이 5분이나 지나 있었다. 출근 후 3시간 만에 기지개를 켰다. 목과 허리에 우두둑하는 소리가 들렸다. 출근과 동시에 의자와 한 몸이 되었던 오전 시간, 화장실 한번 갈 틈이 없었다. 엘리베이터 앞, 동료와 이야기를 나누는 동안에도 핸드폰으로 향한 눈과 손이 바쁘다. 수십 개의 팝업을 날리다가 입가에 '씩' 미소가 떠오른다. ○○ 은행. '맞다! 그날이다.' 불과 2시간 전에 뜬 팝업이었건만, 전혀 기억하지 못하고 있었다. 잠시

스쳐 갈지언정 자본주의 사회에서 숫자는 곧 행복이니까. 쳇바퀴처럼 돌아가는 하루, 일주일, 그렇게 한 달. 잠시 스치는 이 숫자 덕분에 무사히 버텨내는 것 아닌가.

나는 20년이 넘는 시간 동안, 자의와 합의한 타의에 의해 그렇게 길들여졌다. 월급이라는 굴레 속에서 그것은 너무나도 당연한 합의였다. 나는 회사라는 단단한 외벽을 두르고 있었다. 그 벽은 나에게 세상에 통용될 이름을 주었고, 때로는 매서운 비바람을 막아주기도 했다. 하지만 시간이 흐르면서 나는 나를 지켜주던 그 벽에 서서히 발이 묶이고 갇히는 기분을 느꼈다. 매일 지옥철을 타고 퇴근 같은 출근을 했다. 반복되는 야근, 점점 더 엄마를 찾는 녀석들을 외면하면서 일에 집중했다. 그래도 늘 완료하지 못한 일이 많았고, 해야 할 일이 쏟아졌다. 늘 몸은 피곤했고, 머릿속은 꽉 차 있었다. 게다가 시간이 지날수록 나의 인생은 선명해지기는커녕 점점 더 둔탁해졌다.

나는 과연 무엇이 되려고 하는가? 회사에서 점점 내 자리가 줄어들고 있다는 사실은 피할 수 없었다. 한 해 한 해 이 문제를 안고 버텨오는 동안, 회사는 나를 보호하는 외벽이 아니라 이제는 나를 가로막는 벽이라는 확신이 들었다. 나를 철저하게 보호해주던 외벽, 따뜻한 외투였던 회사. 하지만 이제는 새로운 외투를 장만해야 할 때가 왔다.

　삶의 변곡점을 맞이한다면, 나는 그러데이션이 없이 지나온 면과 새롭게 살아갈 절단면이 명확했으면 했다. 칼같이 결심하고, 그날로 안녕할 수 있는. 한 톨의 미련도 없다면 거짓이겠지만, 적어도 때가 왔다면 질척거리지 않고 깔끔하게 떠나고 싶었다. 그렇게 나는 내 결심대로 하루아침, 그 외투를 벗고 새로운 봄을 맞이했다.

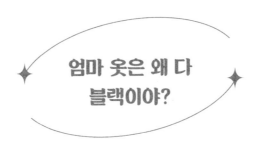

엄마 옷은 왜 다 블랙이야?

색칠 놀이를 하던 한 녀석이 빨래를 개고 있던 내게 물었다. "엄마는 어떤 색을 좋아해?" 다른 녀석이 대신 대답했다. "엄마는 블랙 좋아해. 옷이 다 블랙이야." 그러자 이상하다는 표정으로, 셋이 서로 묻고 답한다. "그런데 엄마는 왜 블랙을 좋아해?"라고 묻자, 엄마가 블랙을 좋아한다고 자신 있게 말했던 녀석의 눈동자가 커진다. 그리고 어깨를 으쓱거리며, "몰라~" 하고 답한다. 같은 질문은 두 번째 녀석에게 이어졌고, 녀석의 답도 같았다. 한창 핑크와 무지개, 블링블링을 좋아하는 7세 소녀들에게 온통 블랙인 엄마의 메인 컬러는 도통 이해가 되지 않는 표정이었다.

껌뻑껌뻑 6개의 눈동자가 나를 보며 대단한 답을 기다리고 있었다. 하지만, 나의 대답도 같았다. 다행히 녀석들은 진짜 이유 같은 것은 애초에 들을 생각이 없었다. 나의 대답이 채 끝나기도 전에 빨강, 핑크, 노랑 각자의 색을 쥐어 들고 색칠 놀이에 빠져든다. 하지만 빨래 더미 속 시꺼먼 나의 옷들을 보니, '나는 왜 블랙을 좋아하지?'라는 질문에 답을 찾아보고 싶어졌다. 왜냐하면, 그 순간 잊고 있던 과거가 떠올랐기 때문이다. 한때는 은은한 파스텔 톤을 좋아했던 내가 언제부터 블랙에 갇혀 있었던 것일까?

내게도 산뜻한
컬러가 필요해

나의 출근용 차림은 어떠했나? 드레스 코드 A, 즉 정장을 입을 때는 블랙 위주의 무채색, 그리고 캐주얼을 입을 때는 청바지를 입었다. 언제부턴가 몸을 휘감고 있던 액세서리는 하나둘 서랍장으로 사라졌다. 지금 내 손은 그 흔한 반지 하나 없다. 나는 무리에서 절대 튀지 않는 사람이다. 나는 무리 속에 스며들어 있는 존재, 있는 듯 없는 듯한 A씨였다.

회사에서의 무채색 인간의 모습은 내게 너무 당연했다.

튀고 싶지 않았다. 아니 조금 더 솔직해지자면, 튀어 보일까 봐 더 감추었다. 튀어서 피곤한 일을 만들고 싶지 않았다. 평범한 회사원 A씨로서 충실한 삶을 살아가기도 벅찼다. 하지만, 그것이 '나'의 삶이 사라지게 한다는 것을 알지 못했다.

나를 불렀던 말 중에 대표적인 두 가지는, '해외영업팀 차장'과 출산 후 '세쌍둥이 엄마'였다. 그렇다면 이제 퇴사 후엔 '세쌍둥이 엄마'만 남게 된다. '나는 세쌍둥이를 키우는 엄마다'는 맞다. 하지만, '세쌍둥이 엄마'가 내 삶의 전부는 아니다. 그렇다고 하면, 잊힌 나머지 '나'를 찾아야 한다. 즉 회사원 타이틀을 뺀, 명함 없는 나, 이런 나를 돌아볼 때 이러한 궁금증이 생겼다. 과연 나는 무엇을 하는 사람인가? 나는 인생의 어떤 목적을 가지고 살아가는 사람인가? 사라진, 아니 잊힌 나의 목적어를 찾아야 한다.

내 삶은 내 것이다. 노예도 아닌데, 너무 당연하지 않은가. 나도 그런 줄 알았다. 나는 내 삶의 주인으로 내가 선택한 나의 삶(=일)을 피곤하지만 열심히 살아갔다. 그토록 내 삶을 열심히 살아왔는데, 이제 와 보니 내가, 내 삶이 사라진 상태였다. 내 결정으로 삶의 일부를 회사에 넘겼지만, 어느새 일과 분리된 나머지 삶은 없었다.

심각했다. '이것이 진정 내가 원하고 꿈꾸던 내 삶인가?'

자신에게 반문했다. 현 위치를 확인하고 나니 더 이상 이대로는 안 되겠다는 판단이 섰다. 나는 자기 갱생이 필요하다고 느꼈다. 스스로의 힘으로 일어나 만들어가는 내 인생의 주체가 되는 생활로 나가야 한다.

다행히 나는 이제, 더 이상 무리 속의 A씨가 아니다. 그렇다면, 이제는 조금 다르게 입어보면 어떨까? 이제는 그저 그런 무채색 인간으로 살고 싶지 않다. 하지만, 너무 오랫동안 무채색을 고집해왔던 탓일까? 나에게 어울리는 색을 찾지 못하겠다. 무채색 외의 색들은 어울리지 않는 색인지, 아주 잘 어울리는데도 나 스스로가 어색해서 이상하다는 생각이 드는 것인지 알지 못한다. 어쩌면 난 사실 우리 딸들이 사랑하는 '핑크 여신'이었을지도 모른다. 이제라도 나에게 어울리는 컬러를 찾아, 칙칙한 검정 패딩 재킷이 아닌, 산뜻한 컬러의 봄 재킷을 입고 싶다.

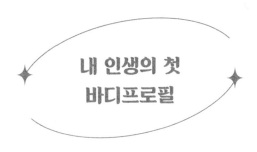

내 인생의 첫
바디프로필

신호를 무시했다. 몸에서 보냈던 수많은 신호 이야기다. 언제부터인지 자고 일어나면 얼굴에 선명한 베개 자국이 출근길까지도 남아 있었다. 같은 또래의 옆자리 동료도 그러하다고 하니, 운명처럼 받아들여야 하는 노화로 생각했다. 소화불량, 붓기, 저림 등 안 아픈 곳이 없는 몸이 되었지만, 그것도 회사원이라면 누구나 다 그런 것이라고 넘겼다. 어쩔 수 없이 못 돌보는 것으로 여겼다. '바쁘다'라는 말을 입에 달고 살면서, 마흔이 되도록 몸을 막 썼다. 인과응보, 출산과 함께 그 대가를 혹독히 치렀다.

출산 후 혼자서는 내 몸을 뒤집기조차 힘겨웠다. 이제 막 태어난 녀석들과 비슷한 처지였다. 세쌍둥이, 고령 임신, 임신

성 당뇨, 임신중독증까지, 아프고 불편한 것은 당연했다. 임신 중 몸이 아프고 불편한 부분은 버틸 수 있었다. 일단 34주를 잘 버티고 출산하면, 곧 나로 돌아올 줄 알았기 때문이다. 하지만 회복은 내 생각과 아주 달랐다. 11년 만에 만난 녀석들을 마음껏 안아주고 싶었지만, 그것조차 할 수 없는 몸이 되었다.

고작 2킬로그램 전후로 태어난 아주 작은 녀석들이 병실로 찾아왔다. 수술실 이후 첫 대면이었던 터라 설레고 기쁜 마음에 셋을 한꺼번에 감싸안고 춤이라도 출 수 있을 것 같았지만, 실제로는 손가락에 힘이 없어 안아주지도 못하고 퉁퉁 부은 얼굴로 사진 한 장만 겨우 남겼다. 그 이후에 집에서 한 녀석을 안아주다가 왼팔 찌릿함에 "아!" 하고 외마디 비명을 쏟았다. 회전근개 손상. 그리고 이후 왼팔은 한동안 올라가지 않았다. 서글펐다. 온몸이 아파서 서글픈 게 아니었다. 눈앞에 있는 녀석들을 안아줄 수 없다니. 그토록 기다렸던 순간이었는데 말이다. 이전의 나였다면, 그럴 수 있다고 생각하고 아픈 몸을 받아들였을지도 모른다. 하지만 이젠 다르다. 이대로 가만히 있을 수 없었다.

생존을 위한
운동

정형외과, 한의원, 각종 마사지 등 몸을 정상으로 돌려놓기 위해 온갖 방법을 다 찾았다. 병원에 다녀오면 조금 괜찮아지는 듯했지만, 그때뿐이었다. 이제 내 몸은 스스로 감당할 수 있는 수준이 아니었다. 예전 같으면, 이 정도 지나면 자연 치유로 회복되고도 남은 기간이다. 하지만 내 상태는 제자리다. 매 순간 느껴지는 통증을 참기 힘들 때가 더 많았고, 그렇기에 하고 싶은 것을 못 하는 때가 많았다. 이러다간 영영 녀석들을 안아주고 싶어도 안아주지 못할 수 있겠다는 위기감이 들었다. 보통 인간으로 녀석들을 맘껏 안아주고, 아프지 않은 생활을 하고 싶었다. 적극적으로 대처했다. 어떻게 하면 나아질 수 있는지에 대한 나의 질문에 전문가들의 답은 한결같았다. '규칙적인 운동으로 근력을 키워라'였다.

지겹게 듣던 말이다. 하지만 이제야 나는 살기 위해서 '운동은 필수'라는 것을 깨달았다. 때마침 엘리베이터 게시판에 아파트 커뮤니티 요가 수업 개설 소식이 붙어 있었다. 그렇게 산후 1개월 만에 요가를 시작했다. 당연히 따라가지 못했다. 뒤집기도 못 하는데 어떤 동작을 할 수 있었겠는가. 요가 강사는 수업 내용과는 다른 동작을 내게 알려줬다. 앉아서 손가락 끝까지 힘주어 크게 펼쳤다가 주먹을 쥐는 동작이었다. 녀석들의 곤지곤지 잼잼의 그 '잼잼'과 유사했다. 그것이 살기 위한 나의 첫 운동이었다. 나의 운동은 운동보다는 움직임이라고 표현하는 것이 더 적절했다.

요가와 필라테스로 느리지만 한 걸음씩 회복을 목표로 나아갔다. 그러나 복직 후에는 자연스럽게 모든 움직임이 멈추어버렸다. 예전 같았으면 당연하다는 듯 지나쳤을 것이다. 하지만 이제 다르다. 이미 한번 호된 경험을 했다. 게다가 난 '세쌍둥이 엄마'가 아닌가. 그렇다. 난 살아야 했다. 시간을 쪼갰다. 점심시간에 간헐적으로라도 필라테스 학원에 출석 체크, 최소한의 동작이라도 놓지 않으려 노력했다. 그러나 여전히 '아프다'라는 말을 입에 달고 살았다.

휴직 후에는, 이제 '시간이 없어서…'라는 핑계가 더는 통하지 않았다. 무엇이라도 시작해야 했다. 걷는 것이 제일 좋다고 하고, 하루 2만 보 걷기로 배가 쏙 들어갔다는 이야기가 생각나 걷기로 했다. 다행히 나는 걷는 것을 좋아한다. 봄볕이 좋아서 한강으로 향했다. 마스크를 끼고 있었고, 맑은 공기도 아니었는데, 걸으니 기분이 좋아졌다. 그러다가 주변의 모습이 눈에 들어왔다. '이렇게나 사람이 많다고?' 여태껏 돌보지 않은 나 자신에게 미안했다.

홀쭉한 배를
가져보고 싶었다

처음에는 그냥 산책으로 시작했다. 그러다가 홀쭉한 배를 가져보고 싶었다. 목적이 뚜렷하니 매일 2만 보 걷기가 가능했다. 늘 3시간씩 걸었다. 길게 걷다 보니 지루해졌다. 한강에는 걷는 사람도 많지만, 달리는 사람도 많았다. 자연스럽게 그들에게 눈이 갔다. 달린다면, 더 빨리 2만 보를 채울 수 있다. 하지만 난 달려본 적이 없다. 달리기는 죽도록 싫어한다. 심지어 아침 출근길에 조금만 달려도 숨넘어갈 듯 헐떡이던 저질 체력의 소유자인 내가 달릴 수 있을까 하는 의문이 컸다.

그래도 한 번쯤 도전해보고 싶은 마음이 생겼다. 우연히 주 3회, 8주 동안, 30분씩 따라 하면 연속으로 30분을 달릴 수 있게 된다는 러닝 애플리케이션을 찾았다. 의지가 꺾이거나 포기하고 싶을지도 모른다. 일단 무턱대고 짝꿍에게 달리기 도전 선언. 마음씨 좋은 그가 러닝화를 선물해줬고, 그렇게 나는 러너가 되었다.

이제 도망칠 수도 없다. 사력을 다해 육체를 회복하기로 했다. 걷기, 달리기 외에도 인생 운동이 된 SNPE(바른자세 운동 Self Nature Posture Exercise), 요가를 열심히 참여했다. 6주 만에 복근을 만드는 온라인 프로그램에도 참여했다. 40년간 내 몸에 복근이 있다는 것도 몰랐는데, 정말 숨어 있던 복근을 만났고, 바디프로필을 찍었다. 물론 1년이 지난 지금 다시 숨었지만, 3개월 동안 과거의 4배를 움직인 결과였다.

드라마틱하게 변화된 내 몸을 보고 다들 궁금해했다. 운동선수도 아니고 운동을 즐겼던 사람도 아닌데 어떻게 그렇게 했을까 하는 궁금증이다. 6주, 짧은 기간이 아니다. 하지만 목적과 기간이 확실한 프로그램을 통해, 나 자신을 한번 시험해보고 싶었다. 회복을 위해 사력을 다하기로 마음먹지 않았는가? 완주뿐 아니라, 결과를 얻어내기 위해서는 못 할 이유가 없었다. '나도 이 정도는 충분히 해낼 수 있다'라고 수없이 자기 암시를 걸었다.

'Back to Basic! 기본에 충실해지자.' 회사에서 위기 때마다 스스로 외쳤던 말이다. 위기가 닥쳤을 때, 기본으로 돌아가 다시 하나씩 점검해가면서 문제점을 처리하는 것만큼 확실하고 빠른 해결책은 없다. 이번에는 내 삶에 적용했다. 먼저 몸의 회복을 위해 정석에 충실했다. 건강하게 잘 챙겨 먹고, 운

짧았지만, 강렬했던
나의 복근과의 만남

동, 수면 등을 모두 균형을 맞추어 규칙적으로 생활했다. 기본
에 충실해지자 늘 아프기만 했던 몸이 생각보다 빨리 회복되
기 시작했다. 그렇게 걷기에서 달리기를, 또 6주간의 복근 만
들기를 해냈고, 내 인생의 첫 바디프로필을 찍었다.

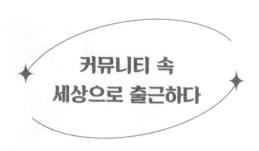
커뮤니티 속
세상으로 출근하다

나는 아침형 인간이다. '일찍 일어나는 새가 먹이를 먹는다'라는 원대한 슬로건이 있다기보다는 밤에 졸린 것을 참지 못해서 일찍 잠들기 때문에 일찍 일어나는 아침형 인간. 엠티 가서도 제일 먼저 자는 애, 그게 나다. 본격 육아맘이 되었지만, 육퇴 후 즐기는 짜릿한 맥주 한 잔, 드라마 몰아보기 같은 것은 늘 남의 이야기였다. 물론, 녀석들을 재워놓고, 밀린 집안일도 하고 텔레비전도 보며 삶을 즐길 꿈도 꾸었었다.

하지만 함께 잠자리에 들면 나는 4명 중 1, 2위를 다투며 잠이 들었다. 남들은 아이들 재우다가 깜박 잠들었다가 일어나 제 나름의 생활을 즐긴다고 하지만, 난 보통 누우면 푹 잤다. 그러다 보니, 다소 이른 시간에 눈이 떠졌다. 맥주나 드라마가 어울리지 않는 시간이다. 바스락거리는 집안일은 식구들 숙면에 방해가 되니 패스. 적막만 가득했던 혼자만의 새벽 시간, 다소 외롭기까지 했다.

그러나 세상 밖 출근 터에는 내가 한 번도 상상하지 못했던 다른 세상이 있었다. 커뮤니티 속 세상이었다. 커뮤니티에는 아침 인사를 하는 사람들로 가득했다. 시계는 새벽 5시. 하지만 카톡방은 회사의 오전 9시 풍경과 같았다. '어? 이게 뭐지?' 오고 가는 대화를 살펴보니, 다른 커뮤니티에 관한 이야기였다. 새벽 5시에 일어나서 14일 동안 유튜브로 생중계되는 짧은 강의를 듣고, 이후 시간은 각자 세운 목표를 실행해가는 내용이었다. 그때는 무엇인지 잘 몰랐다. 그러나 머지않아, 나는 알고리즘을 따라 어느덧 챌린지에 동참하게 되었다. 하지만 시작부터 난관에 부딪혔다. 바로 SNS. 세상 밖 출근에서 가장 중요한 것은 'SNS 인증'이었다.

아무도 남기지 않는 댓글까지 걱정하며 주춤하는 내게 누군가 말했다. "아무도 너한테 관심 없어. 걱정하지 말고 올려. 아무거나 올려"라고(실은 좀 더 날것의 표현, "닥치고 올려!"였다). 그때부터 나는 회사 출근 때 지문인식으로 출근 기록을 남기는 것처럼, 내키지 않았지만 미라클 모닝 챌린지 '인증'으로 나라는 존재를 남기기 시작했다. 그렇게 나의 인증 인생 시작.

인증은 내가 알던 '기록'과는 같은 듯 달랐다.

낯선 세계로
들어가는 문

사실 난 SNS를 즐겨 하지 않았다. 인스타그램은 출산 이후에 세쌍둥이 커뮤니티 엄마들 권유로 육아용품 쇼핑을 위해 가입했다. 그리고 딱! 목적대로 출퇴근 시 폭풍 쇼핑 도구로만 충실히 사용했다. 한데, 게시물도 없는 내 계정에 팔로워가 생겼다. 모르는 사람이 왜 팔로우하는 거지? 갑자기 걱정이 몰려와서 계정을 비공개로 전환했다. 애초에 SNS를 소통이 아닌 쇼핑의 도구로 생각했던 터라, SNS에서 소통은 부담 그 자체였다. 모르는 사람이 내 계정을 보고 있다는 것은 낯섦을 넘어서 두려움이었다. 난 SNS를 공감과 소통의 도구가 아닌, 포털 사이트쯤으로 생각했었다. 그랬던 내게 이 모든 반응은 당연했다.

SNS는 회사를 떠나 낯선 세계로 들어가는 최초의 문이었다. 물론 사내에서도 SNS를 써왔다. 그간 지엽적이고, 보수적인 집단 안에서의 소통을 해오면서 정작 회사 밖 세계와의 소

통에는 무지했다. 막상 밖으로 나와 보니, 새로운 세상의 SNS
는 너무나 낯설었다. 나는 일면식 없는 사람, 불특정 다수와
소통을 해본 적이 없었다. 소통의 도구를 손안에 두고서 행여
내 일상이 공개될 것을 두려워해 이 세계로 한 걸음 내딛지
못하고 머뭇거릴 뿐이었다. SNS를 시작하지 못하고 주저하는
나를 지인들은 도통 이해하지 못했다.

나는 왜 SNS를
두려워했을까

　　20년 넘게 매일 수많은 이메일을 받고, 썼다. 업무 이메일
은 간략할지언정 무의미한 것은 단 하나도 없다. 중간 관리자
의 메일은 대외적으로는 회사의 입장, 대내적으로는 팀, 본부
의 입장이 되는 경우가 많다. 그 안에는 설득과 요청의 '해결'
을 해내야 하는 대전제가 깔려 있기에 부담감이 매우 컸다. 때
론 단 몇 줄이지만, 썼다 지우기를 반복하고, 확인 과정을 수
없이 거쳐 보낸다.
　　메일 보내기 버튼을 클릭하는 순간에도 보이는 아쉬움
이 있다. '아, 저 단어를 바꿀걸', '좀 더 공손하게 쓸 것을 그랬

나?', '앗, 오타' 등. 하지만 메일을 회수하는 것도 신뢰를 무너뜨리는 일이므로 쉽지 않다. 찝찝해도 그 감정에 오래 머무를 수도 없다. 받은편지함에는 아직 열지 않은 이메일이 수백 통이었다. 곧바로 다음 처리해야 할 메일로 넘어간다. 일단 메일을 보낸 후, 그때부터는 기다림의 시작이다. 기다림은 짧을 때도 있고, 한없이 길어질 때도 있다. 메일 수발신은 상대로부터 내가 원하는 것을 얻을 때까지 수없이 반복된다. 내가 주어야 끝나는 일도 많다. 실시간 채팅과 같이 주고받는 메일부터, 며칠이 지나도 감감무소식, 쏟아지는 메일 속에서 기다리는 답을 찾고, 답의 향방에 따라 일희일비하는 일이 허다했다.

찾았다. 두려움의 원천! SNS의 글도 중요한 업무 메일의 연장선으로 여겼다. 업무와 관련해서는 간단한 카톡이라고 할지언정 허투루 글을 쓴 적이 없었다. 여기서 비롯된 글쓰기에 대한 부담감, 불특정 다수의 대상자, 그리고 그들과의 상호작용까지 더해져 두려움으로 커져갔다. 시간이 지나면서 깨달았다. SNS를 하는 다수는 본인 계정을 노출하고 싶어서 안달이 났다는 것을. 소셜네트워크서비스를 하는 곳에서 아무도 찾아주지 않는 내 계정의 적막함을 걱정하는 것이 아니라, 누가 찾아올까 봐 두려워하다니…. 이제 보니 나에게 조금 웃긴다는 듯 "닥치고 올려" 했던 이들의 이유를 알겠다.

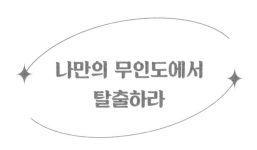

나만의 무인도에서 탈출하라

그렇다면, 지금부터 나는 어떻게 해야 하지? 무엇인가 안에서 꿈틀거렸다. 입사 이래로 쭉 해외영업팀 근무. 20년 넘게 매출, 이윤, 기간 등 숫자에 자신을 최적화해온 인간. 그 기간 중 절반은 팀장이었다. 목표 수립과 달성을 위해 올인했다. 그 치열함은 단언컨대 영화 〈캐스트 어웨이〉의 주인공 척 놀랜드(톰 행크스)의 그것과 견주어도 손색없다. 늘 밖을 향했던 시선을 안으로 돌렸다. 앞으로 회사를 나와서 온전히 독립하는 데 쓸 수 있는 적절한 시간이 얼마일까? 생각해보니, 1년. 이 기간을 제2의 내 인생을 만드는 시간으로 쓰기로 했다. 그래, 이번 1년은 내가 가장 잘 해왔던 나의 방식으로 프로젝트를 해보기로 했다.

우선 무엇부터 시작할까를 고민하다 눈에 띈 것이 인스타그램이다. 인스타그램은 자기애가 강한 사람들의 천국이었다. 어찌나 자기를 드러내고 싶어 하는지 처음에는 사람들의 자신감에 주눅이 들었지만, 사람은 또 금세 적응하는 법. 이 세계를 하루 이틀 계속 들여다보고 있으니 '나도 한번 해볼까' 하는 자신감이 조금씩 생기는 게 아닌가. 자신감에 차올라 하나둘 게시글을 올리기 시작했다. 개구리 올챙이 적 생각 못 한다고, 이제 나는 조용하다 못해 적막이 가득한 내 공간에 대한 고민을 시작했다.

그렇다. 내 SNS는 무인도에 있었다. 대중은 무인도의 존재 자체도 모르고, 설사 안다고 해도 조금도 관심이 없는데, 혼자 괜한 걱정을 했다. 걱정 가득한 그때는 누가 볼까 무서웠지만, 이제는 누군가 찾아주어야만 한다는 것을 안다. 무인도에서 탈출해야 한다. 무인도를 쉽게 벗어날 수 있었다면, 영화 〈캐스트 어웨이〉는 탄생하지 않았을 것이다. 주인공 척 놀랜드가 무인도에서 탈출하기까지 걸렸던 세월은 무려 4년! 1,000일이 훌쩍 넘는 기간 동안 그가 보여준 간절함과 치열한 노력을 기억한다.

이제 치열하게 탈출을 시도해야 한다. 무인도에서는 바다를 지나면 언젠가 육지에 다다르게 된다. 육지가 존재하는 것을 모르는 사람은 없다. 단지 내가 지금 어디에 있는지를 모르는 것이 문제다. 어딘가에 있는 육지를 어떻게 찾을 수 있는가? 어느 방향으로 가야 육지에 조금 더 빨리 다다를까? 아무리 생각해도 답을 모르겠다. 모르니까 또 조급해졌다. 그런데 굳이 나의 위치를 알 필요가 있을까? 글쎄. 나의 답은 아니다. 그저 여태껏 살아왔던 우리의 인생처럼, 어떻게 될지 모르지만 일단 나아가보는 것이다. 〈캐스트 어웨이〉의 주인공도 육지에 도착해서 성공한 것이 아니라, 우연히 화물선에 구조되었다.

더 이상 걱정 인형은
필요 없어

이처럼 인생은 어떻게 풀릴지 모른다. 나는 선택지가 없다. 나의 유일한 방법은 쓰지 않으면 흘러가 버리는 '이 시간을 어떻게 쓸 것인가?'이다. 무인도에 체류하면서 언젠가 올지도 모르는 구조를 기다리는 사람도 많다. 어쩌면 그것이 더 현명해 보이기도 한다. 하지만 나는 내 방식대로 나가보기로 했다. 내가 원하는 내 삶을 찾아서 살기. '나는 무엇을 하는 사람인가?'의 '무엇'이라는 목적어를 찾아야 한다. 일단 나가보자. 운이 좋다면, 나도 신의 선택을 받는다는 알고리즘에 구조가 될 것이다.

이렇게 나는 이미 쌓여 있는, 또 생겨나고 있는 걱정을 하나씩 마주해서 걷어내고 있다. 이 모든 걱정의 원천은 쉼이었다. 쉼이 두려웠다. 쉼이 없었던 내가, 남은 평생을 쉬게 될지도 모른다는 막연함이 두려웠다. 업무 공백기를 가져본 적이 없었기에, 쉼의 마침표를 찍고 일어서는 방법 같은 건 전혀 몰랐다. 1년을 쉰다는 것이 한없이 뒤처진 인생을 사는 것처럼 무섭게 느껴졌다. 하지만 1년은 내 전체 인생의 고작 1퍼센트, 그 1년의 투자는 전혀 과하지 않다. 앞으로 남은 인생이 길다. 심지어 당시 녀석들은 만 5세가 채 되지 않았다. 쉼은 과하게 열심히 살았던 나에게 주는 선물이자, 새로운 출발을 위한 채비의 시간이었다. 재정비를 마치고 이제 가야 할 방향과 길을 찾았다. 출발하면 된다.

더 이상 걱정 인형은 필요 없다.

2장

미라클은
내 안에
있다

A YEAR
OF
MIRACLES

쉼을 주저하거나 두려워할 필요가 없다.
명심하자. 내 인생의 템포를 조절하고 브레이크를
걸 수 있는 주체는 오직 나뿐이다.

독한 년으로
살아남다

나는 독한 년이었다. 월드컵으로 온 나라가 들썩했던 2002년, 그해 1월 대학 졸업식을 앞두고 의류 수출 벤더vendor 중소기업에 입사했다. 아버지는 교사셨다. 회사는 가본 적이 없었다. 드라마에서 봤던 회사가 전부였다. 학부 수업 때 현업과 겸임을 하시던 강사님은 회사 실무는 학교에서 배우는 것과 완전히 다르다고 했다. 드라마에 나오는 꿈의 직장은 없다고 했다. 큰 기대를 하지 않기로 했다. 하지만 회사는 드라마처럼 강남에 있는 의류회사. 첫 출근 날 설렘과 작은 기대는 쉽게 버릴 수가 없었다.

하지만 진짜였다. 강남 한복판에 위치한 엘리베이터 하나 없는 4층 건물이 시작이었다. 사무실은 4층. 3층에서 4층으로 올라가는 계단부터 심상치 않았다. 시중에서는 쉽게 구할 수 없는 크기의(원단 30~40킬로그램도 거뜬히 담기는, 내 키의 3분의 2 정도 되는 큰) 봉지에 원단이 가득 담겨 높이 쌓여 있었다. 철문을 열고 들어갔다. 잘생긴 동료 선배는 찾아볼 수 없고, 어르신 아저씨 그리고 다소 까칠한 언니뿐이었다. 일도 전혀 우아하지 않았다. 사무실 안쪽에는 각종 원단과 의류 부자재, 옷이 넘쳐나 어지러웠다. 먼지도 상상 이상. 일명 '까대기'라고 불리는 원단 정리하는 날에는 삼겹살이 필수. 콧속은 상상에 맡기겠다. 매일 야근에, 토요일도 오후 느지막이 퇴근했다.

힘들었지만 함께 입사한 같은 학과 친구 덕에 그럭저럭 2년을 버텼다. 그리고 3년 차에 동종 업계 넘버원 회사로 이직을 결심했다. 일이 많기로 소문이 자자해 걱정의 눈길도 많았다. 그렇지만 일단 겪어보기로 했다. 괜한 소문이 아니었다. 상상 그 이상이었다. 첫 회사 근무를 수요일까지 마무리하고 목요일에 이직하는 회사로 출근. 그때 팀장님 요청이 있어 단 하루도 쉬지 못하고 새로운 회사로 출근했다. 가끔 그때가 생각날 때마다 '내가 미쳤지, 무슨 부귀영화를 누리겠다고…' 하며 땅을 치고 후회했다. 그것이 쉼 없는 내 삶의 시작인 줄은 꿈에도 몰랐기 때문이다. 알았다면, 그때 한 열흘, 아니 일주일이라도 혼신의 힘을 다해 쉬었을 텐데. 나의 쉼 없는 삶의 첫 단추는 그렇게 끼워졌다.

나 같은 후회를 하지 않으려면 인생 계획에서 적절한 쉼을 꼭 넣길 바란다. 첫 취업 후 22년이 흐른 후에야 알게 되었다. 일뿐만이 아니라 쉼도 철저한 계획이 따르는 항목이라는 것을 말이다. 내가 말하는 쉼은 단순히 멈춤만을 의미하는 것이 아니다. 더 나은 미래를 위한 재충전, 재투자의 쉼이다. 그렇기에 쉼을 주저하거나 두려워할 필요가 없다. 명심하자. 내 인생의 템포를 조절하고 브레이크를 걸 수 있는 주체는 오직 나뿐이다.

버티기는
나의 힘

두 번째 회사는 같은 일을 하지만, 규모가 크다 보니, 매우 달랐다. 인원도 많고 부서도 세분되어 있어 할 일도, 하지 말아야 할 일도 많았다. 유기적으로 연결된 조직업무 속에서 느끼는 속도감은 상상 초월이었다. 업무 파악을 조금 더 빨리 하고 싶었다. 9시 출근이지만 7시 30분에 자발적으로 사무실 도착. 아무도 없을 줄 알았는데 팀장님뿐 아니라 사무실 곳곳에

이미 근무를 시작한 사람이 많았다. 그렇게 서둘러 출근했건만 좀처럼 여유가 생기지 않았다. 퇴근까지 하루가 순삭. '이 사람들, 일에 진심이다.' 점심시간에 잠시 근황 토크를 할 뿐, 모두가 정신없이 하루를 보내고 있었다. 심지어 이 사람들, 회식에도 진심. 새벽까지 미친 듯이 마시고 놀았다. 회식 다음 날, 술이 약해 거의 마시지 못한 나는 여느 때와 다름없이 출근했다. 당연히 지각자가 속출할 줄 알았다. 하지만, 어제 그 멤버 그대로 앉아 일을 하고 있었다. "안녕하세요?"라고 반갑게 인사를 하며 스치는데, 지독한 술 냄새를 펑펑 풍기는 것이 아닌가? '어, 이거 뭐지? 괴물들이다.' 그리고 나도 머지않아 같은 괴물이 되었다.

월요일 오전 7시 20분, 교육실 문 앞은 커피를 따르는 인파로 북적인다. 매주 월요일 아침에는 간부회의로 하루가 시작된다. 한 주를 시작하는 회의의 무게감은 묵직하다. 짧은 온라인 강의 시청에 이어, 영업본부 실적발표가 시작된다. 실적이 저조하거나 사고율이 높은 기간에는 회의 내내 초긴장 상태다. 본부장 부재 시 본부의 대표 팀장이 발표한다. 본부장의 출장이 잦았기에, 선임 팀장이었던 나는 발표 기회가 많았다. 발표 울렁증이 있었던 나는 그때마다 진땀을 흘렸다.

동남아시아, 중앙아메리카, 미국 등 각지에 지사가 있기에 단 이틀의 주말을 보내고 왔을 뿐인데도 안건이 많다. 7시 30분에 시작한 회의는 늦으면 9시~10시까지 이어지기도 하고, 부서로 돌아와서는 연이어 부서, 팀 회의가 진행된다. 부서 회의가 없는 날이라고 해도, 잠시의 틈도 없이 바쁘게 새로운 한 주가 시작된다.

첫 회사부터 나는 해외영업팀에서 근무했고, 우리는 오더의 시작부터 끝까지 책임을 져야 하는 숙명을 안고 살았다. 회사 업무 자체는 그저 반복되는 단순한 일상처럼 보일 수 있겠지만, 조용한 날이 없었다. 하루에도 몇 번씩 미친년이 되었다. 그렇게 하루하루를 버텼다. 사원 때는 선배들을 보면서 그저 독한 사람이 오래 일하는 줄 알았다. 연차가 쌓이고 팀장이 되어보니, 아니다. 오래 버티는 놈이 독한 놈이다. 버티는 일상이 반복되자, 어느덧 나는 누가 봐도 미친년, 독한 년이 되어 있었다.

육아라는
미라클

독한 년으로 살아가던 어느 날, 나는 꿈에 그리던 임신을
하게 되었다. 결혼 11년 만의 일이었다. 다태아, 즉 쌍둥이 이
상은 출산휴가가 3개월이 아니라 1개월이 추가된 4개월이다.
하지만, 세쌍둥이 출산 여파를 감당하기에 4개월은 여러 면에
서 턱없이 부족한 시간이었기에, 최소 1년의 육아휴직은 추가
로 필요하다 판단했다. 복직 후에는 직장 어린이집에 데려갈
생각이었다. 물론, 15개월짜리 세쌍둥이를 데리고 매일 마포
에서 강남으로 출퇴근하려는 발상 자체가 말도 안 된다는 것
을 깨닫는 데 얼마 걸리지 않았다. 그래서 집 근처 어린이집
입소와 적응기간을 감안해 6개월을 추가로 사용했다. 그렇다.
내 예상을 엇나간 것은 휴직 기간만은 아니었다. 하지만 한 방

에 하나도 둘도 아닌 셋(!)의 엄마가 된다는 것은 생각보다 더 힘들었다. 노부모의 도움을 거절할 수도 없는 처지가 되었다. 무엇을 생각하든, 상상 이상이다. 하지만 엄마는 기적을 만드는 존재다. 2킬로그램 안팎의 녀석들을 떨어뜨릴까 봐 차마 안아보지도 못했던 나는 매일 기저귀를 30개씩 갈았고, 한 번에 세 명에게 분유를 먹이며 빨래를 개고 있었다.

어느덧 녀석들은 20개월 차가 되었다. 아침부터 짝꿍과 나는 잔뜩 긴장했다. 복직 후 첫 출근 날이기 때문이다. 어린이집은 집에서 채 3분이 걸리지 않는 아주 가까운 곳에 있다. 아파트 문을 나서는 순간, 우아하게 출근길을 맞이하고 싶은 마음은 금세 박살 났다. 자동문이 열리자마자 아이들은 사방팔방으로 튀어갔다. 내 손은 둘, 잡아야 할 녀석은 셋…. 역부족이다. 수시로 차도로 돌진하니 나도 모르게 목소리가 점점 커졌다. 이리 뛰고 저리 뛰며, 목적지 어린이집 입구 도착. 녀석들도 그곳에서 10시간을 버텨야 하는 안쓰러운 상황이지만, 긴 인사를 나눌 시간도 없다. 밀어 넣듯 보내고, 뒤돌아볼 새 없이 뛰어나와 한참을 나를 기다리고 있던 남편의 차에 올라탔다. 드디어 회사 출근!

복직 후, 때로는 집보다 회사가 편했다. 물론 갑자기 편한 회사가 되었을 리 없다. 하지만 일하는 엄마라면 공감할 것이라 확신한다. 아이들과 함께하는 집에서의 시간은 24시간 7일 풀가동이다. 식사 시간에는 의자에 쭉 앉아서 밥을 먹을 수 없다. 앉아 있다고 해도 밥이 입으로 들어가는지 코로 들어가는지 모르고, 밤에는 잠을 자도 자는 것이 아니었다. 멀리서 들리는 울음소리에도 벌떡 일어나 눈 감고 달려갔다. 반복 학습 덕분에 어둠 속에서 기저귀 갈고 옷 갈아입히는 것쯤이야 순식간에 해결하게 되었다. 자다 깨면 무섭다며 우리 방으로 뛰어오는 아이들을 다시 녀석들 방으로 데려다준다. 신랑과 나는 번갈아 가며 눈감은 채 아이들 방과 우리 방을 밤새 오갔다. 물론 아이들이 더 이상 오지 않아서 이제 잘 수 있겠다 싶은 순간이 온다. 하지만, 안타깝게도 눈을 떠야 하는 시간이다. 그때 나의 소원은 다 필요 없고, '어디 가서 딱 하루만 미친 듯이 자고 싶다'였다.

위기는 늘
함께 온다

2년의 공백기 동안 회사 또한 많이 변했다. 내가 담당했던 주 고객이 사라져서 새로운 업무를 배정받았고, 얼마 가지 않아 코로나19가 시작되었다. 다들 '조금 지나면 나아지겠지'라고 생각하며 폭풍우를 견뎌내려고 했지만, 이번엔 달랐다. 세계적인 봉쇄로 인해 옷 소비가 급감했고, 주문 취소 요청이 쇄도했다. 취소 건에 대응하는 비생산적인 업무가 늘어나고, 회사 분위기도 더 조여졌다. 그리고 휴직과 복직한 2~3년 동안, 오랜 시간 함께했던 많은 동료가 떠났다. 과거에는 동료들의 이직, 퇴직에 크게 개의치 않았다. 하지만 이제는 다르게 느껴졌다. 머지않은 나의 모습일 것을 알기에 마음이 출렁였다. 모른 척하기엔 때가 가까워지고 있었고, 언제까지 모르는 척하고 있을 수도 없었다. 회사에서 나의 위치를 고민하던 중, 육아에서 또 하나의 균열이 생기기 시작했다. 녀석들을 돌봐주고 계시는 부모님의 건강 때문이다.

나의 복직. 모두가 당연하게 세쌍둥이를 돌보느라 복직하지 못할 것이라고 했다. 하지만 단단히 믿는 구석이 있었기에 가능했다. 바로 부모님이시다. 부모님은 그 누구든 본인의 업業을 갖고, 이어가는 것을 선택이 아닌 필수로 생각하셨다. 그래서 내게도 다소 강한 동기부여와 함께, 20여 년 전 나의 첫 입사부터 이때까지 업무에 전념할 수 있도록 전폭 지원해 주셨다. 결혼 전에는 야근하고 일찍 출근할 때면 아버지께서 데려다주시기도 했고, 퇴근 때까지 잠을 미루시며 기다려주셨다(과거에는 자정을 넘겨 새벽 퇴근하는 날이 많았다). 게다가 어머니께서는 새벽에 지하철 첫차를 타고 나가시면서도, 내가 점심을 거르고 일할까 봐 먹을 것을 바리바리 싸주셨다. 그 덕분에 나는 회사를 때려치울 구실을 찾지 못했다.

이번에도 딸이 복직을 고민하는 것을 의아해하셨다. 나의 출산이 늦어진 탓에, 아버지는 어느새 팔순에 가까워지셨지만, 두 분께서 육아를 전담하실 다소 용감한 계획을 이미 다 끝내놓으셨다. 셋을 한꺼번에 돌보는 것이 얼마나 힘들지 알기에, 도움은 받기 위해 베이비시터 구인을 시작했다. 하지만 세쌍둥이에 조부모님 양육이라는 최악의 환경 때문인지, 복직 후 6개월이 지나도록 베이비시터를 구하지 못했다. 결국 코로나19로 더 이상 구인은 하지 못했고, 주중 육아는 오롯이 부모님 몫이 되어버렸다.

그러다 부모님의 건강이 예전 같지 않다는 것을 느꼈다. 아버지께서는 관절이 부쩍 안 좋아져 소파에 앉고 일어서는 것도 힘들어하셨다. 어머니께서도 귀가 안 좋아져서 보청기를 착용하게 되셨다. 건강을 걱정하는 우리에게 당신들께서는 늘 괜찮다고, 문제없다고 하셨다. 늦게 만난 첫 손주들이 커가는 모습을 보는 재미와 딸이 마음 편히 업을 이어가게 해주려는 욕심으로, 본인 몸이 아픈 것을 견뎌주셨다.

결단의
시간

이런 것이 하나씩 둘씩 더해지면서 나는 정말 때가 오고 있음을 느꼈다. 겉으로 확 드러내지는 못했지만, 육아 전념과 관련한 고민의 시간이 점점 더 길어졌다. '육아휴직'에 대해 짝꿍과 오랜 기간 상의했다. 동료와 선배들과 고민을 많이 나눴다. 1년 반 남은 휴직을 쓰는 것이 무슨 그렇게 대단한 일이라고 고민했는가? 그도 그럴 만한 것이 이번에 내가 말하는 휴직은 휴직이라고 쓰지만, 실제 퇴직인 셈이기 때문이다.

2년 다닌 회사도 아니고, 이제는 다른 회사로 이직하는 것도 힘들다는 것을 잘 안다. 이번 휴직은 나의 20년 넘는 커리어를 중단, 아니 종결짓는 일생일대의 결정이기 때문이다. 당장 회사에서 떠미는 것은 아니었다. 휴직 후 복직이 금지된 것도 아니다. 하지만 여러 정황상 복직을 감행하는 그런 멍청이가 될 수는 없다. 20년 몸담았던 회사이니, 복직 후에 나에게도 회사에도 서로 불편함이 생길 수 있겠다는 눈치쯤은 챙기고 있다. 그렇다면 이미 결정은 된 것이고 그 시기만 정하면 되는 것인데, 도대체 무엇이 나를 이렇게 힘들게 하는가?

돈? 맞다 돈 문제다. 녀석들의 양육을 위한 돈 쓰기는 아직 시작도 하지 않았다. 하나도 둘도 아닌 셋, 연차를 두고 차례대로 드는 돈도 아니고 무조건, 모든 것이 일시불이다. 짝꿍과 함께 벌 수 있을 때 아등바등 벌어야 '될까 말까' 하는 상황이 맞다. 하지만 돈이 앞선 고민이라기보다 '나는 무엇이 될 수 있을까?' 아니, '내가 과연 무엇을 할 수 있을까?'라고 하는 나의 목적어에 대한 고민에 조금 더 가까웠다. 지금까지 내가 쌓아온 커리어를 기반으로 어떤 미래를 그려갈 수 있을까를 고민해봤다.

그런데 아무리 고민해봐도 지금까지 시간을 바친 이 조직을 떠나서는 도무지 활용할 것이 없었다. 그때 나는 일차적으로 패닉이 왔다. '결국 내가 뭐 하고 살았나?'라는 본질적인 문제에 봉착했다. 직장에 충실하며 내 전문성을 쌓아왔다고 생각했는데, 이 조직의 옷을 벗었더니 나는 갑자기 아무것도 할 수 없는, 아무것도 아닌 사람이 될 수밖에 없는 민낯의 나를 발견했다. 두려움이 몰려왔다. 빠져나갈 방향도 가늠할 수 없도록 한 줄기 빛조차 없다. 아주 깜깜한 어둠 속에 갇혀 있는 것 같았다. 코로나19로 사람들과의 접촉이 지극히 제한된 상황이라 꺼낸 지 오래된 책상 서랍 속 명함. 그 명함을 내려놓으면 정말 난 아무것도 아닌 사람인가? 그 작은 종이가 뭐라고? 내 마음은 걷잡을 수 없이 바닥으로 곤두박질쳤다.

그리고 나는 끝내 답을 찾지 못했다. 답은커녕, 앞으로의 방향조차 알 수 없는 상태로 밖으로 나왔다. 한겨울이었지만, 바람을 막아줄 외벽은커녕 홑겹의 외투도 없었다.

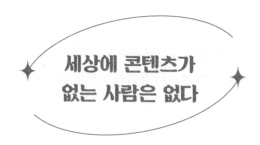

세상에 콘텐츠가
없는 사람은 없다

'어떻게 하지?' 막상 퇴직을 하고 나니 걱정이 몰려들었다. 나는 나를 모른다. 그렇다. 무엇을 해야 할지 막막했다. 아무리 생각해봐도 남들은 다 가진 콘텐츠가 나에게는 없었다. 답답했다. '도대체 난 무엇을 할 수 있을까?' 머릿속에 있는 수많은 생각을 종이 위에 쏟아내 보았다. 너무 간절했는지, 회사 다닐 때 업무 관련 꿈을 꾸었던 것처럼 콘텐츠 관련 꿈까지 꾸었다.

'세상에 콘텐츠가 없는 사람은 없다'는 것을 깨닫기까지 오래 걸렸다. 책과 강의에서 수없이 보고 들었다. 그때마다 '그렇지만, 나는 없어. 대체 어디 있다는 거야?'라고 생각했다. 콘텐츠가 없는 것이 아니라, 잘하고, 좋아하고, 꾸준히 하는 내 것을 적절하게 연결하지 못한 것이다. 그 모두 콘텐츠가 될 수 있었지만, 그 사실을 파악하지 못하여 답답했고 걱정이 많았다.

또한 한 가지 오해가 더 있었다. 콘텐츠는 대단한 것, 새로운 것을 찾아야 한다고 생각했다. 남의 것을 보며 부러워하고, 나에게만 내 것이 없음을 한탄했다. 그러다가 '왜 내 것을 밖에서 찾으려고 했지?' 하는 생각이 들었다. 힘을 뺐다. 그렇다면, '나는 무엇을 잘하는 사람인가?' 즉시 시선을 내 안으로 옮겼다.

이것은 너무나 당연하게 들리지만, 실제로 나뿐만 아니라 커뮤니티에서 만난 사람 중 콘텐츠를 찾지 못하고 방황하는 사람들이 대개 겪는 문제였다. 객관적인 시선에서 볼 때 타인의 것은 매우 잘 보인다. 하지만 정작 본인은 그것을 알지 못하는 경우가 많다. 그래서 보이는 것을 말해줘도 당사자는 '과연 그게 콘텐츠가 될까' 하고 되묻는 경우가 많았다. 자신이 자신을 제일 잘 알겠지만, 중이 제 머리 못 깎는다고 하지 않는가? 작정하고 파고들지 않으면 절대 못 찾는다. 운 좋게 찾았다고 해도, 뚝심이 없다면 그것을 끊임없이 의심한다. 완성 없이 완벽은 절대 찾아오지 않는다.

일단 나를 집중적으로 파고들어서 콘텐츠를 찾아보자. 그 어떤 것이든 찾았다면, 의심은 일단 접어두고 꾸준히 그 콘텐츠를 개발할 궁리에 집중해보길 바란다. 다른 사람의 성공은 손쉽게 된 것처럼 보일 수 있겠지만, 사실 보이지 않는 곳에서 엄청난 시간 투자와 노력이 있었다는 사실을 기억하자.

나는 무엇을
잘하는가

사원 3년 차 때 일이다. 당시 홍콩 출장 중인 이사님께 급한 연락이 왔다. 실무진 미팅 참석 지시였다. 미팅의 주요 안건 중 업무 프로세스 개선 건이 있었다. 이는 시간과 비용을 줄일 수 있는 중요한 안건으로, 이 때문에 출장 전 팀은 전력을 다해 미팅 준비에 돌입했었다. 팀장이 큰 흐름을 제시하고, 세부안을 선임이 가이드해줬다. 나는 그것을 기반으로 실무와 관련한 자세한 내용을 정리했다. 여러 차례 사전 미팅과 논의가 있었고, 그때마다 자료를 수정했다.

하지만 홍콩에서 첫 미팅 후, 이사님은 세부적인 논의를 위해 곧바로 실무진이 미팅에 참석할 것을 지시하셨다. 결국 자료를 준비했던 내가 그날 밤 바로 홍콩으로 날아갔다. 그때

난 선임도 팀장도 아닌, 이제 업계에 갓 입문한 만 3년도 채우지 못한 사원이었다. 짧고 굵었던 미팅. 하지만 그때 난 내 손 끝에서 탄생한 자료의 무게감을 처음으로 제대로 느꼈다.

20대의 내가 똘똘해서 그런 기회가 왔던 것일까? 아니다. 내가 아닌 그 누구라도 그때 그 위치에서 그 업무를 수행했더라면 비슷한 상황을 겪었을 것이다. 미팅 자료뿐 아니라, 적어도 내 손을 거친 모든 자료, 이메일은 정확해야 한다. 또한 내가 명확하게 설명할 수 있어야 한다. 그리고 이해하고, 설득할 수 있어야 한다. 업무에는 연습이 없다. 늘 실전이다.

의류 수출업체에는 업무 진행 시 숙지해야 하는 바이어 매뉴얼과 규정이 많고, 이것들이 수시로 업데이트된다. 각각의 매뉴얼, 규정에 맞게 업무 프로세스를 정리해가며, 원활한 업무를 위한 습득과 교육이 지속된다. 업무에 즉각 반영되어야 하므로, 한 치의 오차도 허용되지 않았다. 그렇다고 해서 늘 팀장이나 선임들만 교육자가 되는 것은 아니었다. 주니어급이라고 해도 담당자라면 습득자이자 교육자가 된다. 그 누구도 예외 없이 자료를 만들어야 했고, 교육자가 되는 일 또한 이렇다 할 특별한 것이 아니었다.

'맞다.' 사원 때부터 나는 정확한 정리 및 습득과 실행, 전달과 교육, 이것을 가장 오랫동안 잘 해왔다. 내 콘텐츠를 찾겠다고 수많은 강의를 들으면서도, 그것을 숙지해서 그 정보와 지식을 원하는 다른 누군가에게 더 쉬운 나의 방식으로 전달해줄 생각으로 연결하지 못했다. '이거구나.' 뭔가 찾은 것 같은 느낌이 왔다. 그렇지만 내가 찾은 콘텐츠에 대한 의구심은 끝이 없었다. 내가 진정 잘할 수 있는 것이었지만, '과연 팔 수 있을까?'라는 생각이 들었다.

그래도 실체 없는 의구심에 발목 잡히는 것보다, 실행을 택했다. 시작은 반이라고 했으니, 반은 성공한 셈이다. 이제 나머지 반을 채우면 된다. 쌓을 것을 찾아 하나, 둘 차근히 쌓아본다. 그리고 다음은 내 콘텐츠에 대한 공감을 얻어야 한다. 아무리 좋은 콘텐츠도 쌓기만 하고 공감을 얻지 못한다면 가치를 인정받을 수 없다. 공감을 얻기 위한 도구가 필요했다. 이건 또 어떻게 하지? 넘어야 할 산이 많았다.

나는 뭔가를 시작하면 똑 부러지게 완성하는 사람이었다. 나는 결정이 단호한 사람이었고, 늘 무엇인가를 하면 결론을 낼 수 있는 사람이었다. 그래, 이러한 내 본질을 자본이라고 치자. 명함을 내려놓는다고 해도, 이 자본은 온전한 내 것이기 때문에 어디로 가지 않는다. 이러한 성격들을 버팀목으로 잘 활용해, 무엇이든 새롭게 시작할 때 흔들리지 않고 갈 뚝심이 있었다.

잠시 쭈그러들었던 자신을 똑바로 세웠다. 그리고 결심했다. 목표만 제대로 설정할 수 있다면 못 할 것이 무엇인가? 3년을 죽어라 고생한다고 치자. 인생 그래봐야 지금 40대이니, 이후 20~30년을 내가 원하는 삶을 살 수 있다고 하면, 3~4년은 나를 위해서 충분히 투자할 만한 가치가 있다. 당장 굶어 죽을 것도 아니고, 경제적으로야 불편하겠지만 충분히 나한테 다시 한번 드라이브를 걸어볼 수 있는 시간이다. 일단 3~4년을 큰 기간으로 잡고 1년씩 나누어 한 단계 한 단계 나가보자. 이렇게 꾸준히 나아가면 꿈은 분명 현실이 될 것이다.

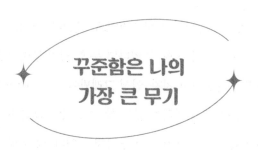

꾸준함은 나의
가장 큰 무기

인스타그램에 발을 디뎌가던 때, 일반 사람의 숨은 복근을 찾아주는 챌린지를 발견했다. 더 놀라운 사실은 6주에 가능하다는 것이었다. 갑자기 구미가 확 당겼다. 바로 내 배! 그렇다. 나도 조금 더 나은 배를 한 번쯤 갖고 싶었다.

내 배에는 똥배도 있지만 다른 한 가지가 더 있다. 바로 남보다 조금 더 화려한 임신과 출산 흔적이다. 세쌍둥이를 품었을 때 '혹시 이러다 터지는 것이 아닐까' 할 정도로 부풀어 올랐고, 그때 살이 다 텄다. 녀석들은 빠져나갔지만, 과하게 불었다가 바람 빠진 풍선처럼 내 배는 쪼글쪼글한 흔적이 여실히 남아 있다. 녀석들과 목욕할 때의 단골 질문은 "엄마 배는 왜 이렇게 쭈글쭈글해요?"이다. 하도 많이 질문하고 답을 해왔던 터라, 요즘은 스스로 묻고 스스로 답한다. "아~ 우리 세쌍둥이가 엄마 배 속에 있어서 그런 거지? 엄마 아팠겠다."

심지어 목욕탕, 워터파크 탈의실에서 우리에게 머물러 있는 시선을 자주 느낀다. 처음은 늘 올망졸망, 다소 시끄러운 녀석들에게로 시작된다. 하지만 그 눈길은 이내 엄마인 나한테로 이어진다. 그냥 지나칠 수가 없나 보다. 질문도 많다. 그냥 질문을 하는 것이 아니다. 뭔가 민망한 시선이 느껴진다. 그렇다. 내 배다. "아이고, 이 작은 몸에서~!" 이 상황들 속에서 어쩌면 자연스럽게 조금 더 나은 배의 모습을 가지고 싶었던 것 같다.

복근 챌린지는 어린 친구의 성공 스토리가 아니었다. 챌린지에 동참했던 내 또래의 생생한 증언들을 읽다 보니 '과연? 진짜?'라는 진한 의심을 넘어섰다. 헬스장, 요가 클래스, 운동 수업에서는 기부 천사였던 나다. 그러한 내게 또 한 번, 속는 셈 치더라도 바로 도전하고 싶은 마음이 들 정도로 매력적이었다. 언젠가 한 예능프로에 출연한 모델 한혜진의 말이 기억났다. "세상에 어떤 것도 제 마음대로 안 돼요. 근데 몸은 바꿀 수 있더라고요. 제 의지로 바꿀 수 있는 게 몸밖에 없더라고요." 그때는 '그렇군…' 하고 스쳐 지나갔다. 하지만 진짜였다. 나의 의지대로 꾸준하게 규칙적인 수면, 과거에 비해 차고 넘치는 운동, 건강한 식습관을 더하니 몸이 변하는 것은 당연했다. 몸은 정직했다. 그리고 역시 꾸준함은 배신이 없었다.

아마 지금 이 지점에서 내가 운동에 들인 비용과 시간이 궁금할 것이다. 6주간 챌린지 운동 가이드는 모두가 내 의지만 있다면 무료로 할 수 있는 운동이었다. 나는 유산소성 운동 종목으로 매일 2만 보 걷기 혹은 달리기 1시간, 틈새 운동으로 매일 26층 계단 오르기를 선택했다. 그리고 매일 평균 1시간 정도 홈트레이닝으로 영상을 보며 근력 유산소 및 복근 운동을 했다.

그리고 챌린지와 별개로 출산 후 더 고질적으로 쑤시고 아픈 내 몸의 회복을 위해 전문가의 도움이 필요한 운동(주 3회 요가, 주 2~3회 SNPE)을 추가했다. 이 운동들은 아파트 커뮤니티 센터의 클래스와 단체 클래스를 활용해 합리적인 비용만 지불했다. 6주간 매일 운동 시간을 따진다면, 유산소로 걷기를 선택한 날은 매일 4시간, 달리기를 선택한 날은 3시간을 투자했다. 잠자는 시간 6~7시간을 제외하면 하루 활동 시간은 17~18시간이다. 하루 중 17~24퍼센트의 시간을 운동에 투자한 셈이다. 마흔 중반에 불가한 일 같았지만, 꾸준하게 6주를 몰입해 이룬 값진 성과였다.

꾸준함으로
미라클 만들기

온라인 세상, 커뮤니티에서 만난 사람들은 자꾸 내게 난 감한 질문을 했다. 무례한 질문이 아닌데도 불구하고 단 한 번 도 제대로 대답하지 못했다. 바로 이 두 가지 질문이다. '잘하 는 것이 무엇인지?', '좋아하는 것은 무엇인지?' 말이다. 좋아 하는 음식은 말할 수 있지만, 그것은 그들이 원하는 답이 아닐 테니, 입도 벙긋하지 못한다. 그저 늘 그 시간이 어서 지나가 길 바랐다. 하지만 이 세계에 있는 한 언제까지 입 다물고 있 을 수는 없는 질문이기에 답을 만들어보기로 했다.

회사에서 나는 무슨 상을 받았던가? 모범 사원상, 5년 근 속, 10년 근속, 15년 근속, 아쉽게도 20년 근속은 받지 못했 다. 몇 달만 더 버텼으면 받았을 텐데 말이다. 초중고 때는 12년 개근상을 받았다. 어쩌면 출석 상 말곤, 잘해서 받은 상 은 없다. 설마 하나쯤 없겠냐마는, 생각나지 않는다는 것은 그 만큼 임팩트가 없는 자잘한 것이지 않았을까 한다. 어쨌거나 잘하는 것이 없는 사람이 받는 것이 개근상이라고 하던데, 이 것을 잘한다고 말해야 하는지 판단할 수 없었다. 그렇게 결론 은 짓지 못했지만, 이후로 난 누가 또 물어보면 아주 작은 소리로 머리를 긁적이면서 말했다. "아, 저는 잘하는 건 없고, 그 대신 뭐 하나 하면 꾸준히는 해요"라고 말이다.

하지만 이 세상은 좋은 사람들이 많은가 보다. 다들 내 '꾸준함'을 칭찬해주었다. 그리고 그때부터 꾸준함에 여러 가지 요소들을 장착해보기 시작했다. 꾸준히 미라클 모닝, 꾸준히 운동, 꾸준히 글쓰기. 그랬더니 내 삶에 작은 변화들이 보이기 시작했다.

사실, 나의 독함은 강도보다 기간이다. 그렇다, 나는 꾸준한 사람이다. 하지만 시작하기까지가 오래 걸린다. 돌다리를 두드리고, 또 뒤돌아서도 두드리고, 성에 차지 않으면 돌아가서 두드려본다. 쉽게 시작하지 않는다. 일단 출발하면 목표 달성을 위해 달린다. 스스로 타협은 없다. 타고난 전략가형은 아니라 때론 손발이 고생한다. 그래도 포기하지 않고 꾸준히 한다. 쉽게, 효율적으로 가기 위해 이 방법 저 방법도 시도해본다. 익숙하지 않은 일을 할 때는 삽질도 많이 했다. 하지만 삽질도 해봐야 나중에 헛수고를 하지 않을 것이며, 삽질도 근육을 만든다. '세상에 아무짝에도 쓸모없는 경험은 없다'가 내 지론이다.

꾸준히 아침에 일찍 일어나서 내 시간을 가지며 오롯이 나에게 집중했다. 점점 내가 잘할 수 있는 것들을 찾게 되고,

그것들을 하나씩 시도하고 해내기 시작했다. 꾸준히 운동하니 보통 인간이 되었다. 꾸준히 글쓰기를 하니, 1년 만에 내 책을 서점에서 만나는 기적을 맛보게 되었다. 그리고 요즘은 많은 사람이 내게 묻는다. "어떻게 그렇게 꾸준히 하시나요?"라고 말이다. 그렇게 내 콘텐츠는 '꾸준함'이 되었고, 나는 '꾸준함'으로 미라클을 만들어내는 작가가 되었다.

성공의 중요 요소 중에 꾸준함을 말하는 이가 많다. 그래서 꾸준하다는 것을 자칫 아주 어렵고 대단한 일에만 적용한다. 예를 들면 6주간 매일 4시간씩 운동하기 같은 것 말이다. 하지만 내가 1년간 발견한 꾸준함의 기적 속엔 매일 4시간이 아닌 매일 1분의 기적도 있었다. 요가 동작 중 하나인 머리서기 이야기다.

요가를 1년 넘게 수행하면서도 단 한 번도 내 코어의 힘과 균형으로 머리서기를 할 수 있는 날은 꿈조차 꾸어본 적이 없었다. 하지만 우연한 계기로 매일 1분간 100일간의 머리서기 프로젝트를 실행했다. 새벽러닝을 끝내고 벽 대고 1분 머리서기를 시작했다. 한 달 즈음에 벽에서 다리가 떨어지는 진귀한 경험을 맛보았고, 100일이 되기 전에 벽 없이도 머리서기를 완성하는 미라클을 이루었다. 매일 1분도 꾸준히 한다면, 변화를 일으켜 성공에 다가서는 힘을 가진다. 설마 내 인

매일 1분의 기적
머리서기 61일 차,
홀로 우뚝서다

생의 미라클을 바라면서 매일 1분도 투자하지 않을 생각인
가? 미라클은 내게 의지만 있다면, 생각보다 가까이 있다.

인생 가이드가
되어보자

배낭여행 때 낯선 도시에 도착하면, 제일 먼저 하는 일이 'Information' 표지판을 찾는 것이다. 안내자에게서 무료 지도 한 장을 받아 들고, 첫 번째 목적지로 가는 대중교통을 물어보는 것으로 여행이 시작된다. 나는 세상이라는 낯선 곳으로 출근해 제일 먼저 찾고 싶었던 것이 'Information'의 무료 지도 한 장이었다. 가이드까지는 바라지도 않았다. 하지만 쉽게 찾지 못했다. 목표를 설정하고 길을 걸어가면서 여러 번 시행착오를 겪을 수밖에 없었다. 그 길에 만난 사람의 대부분이 나와 같은 시행착오를 겪고 있었다. 단 한 장의 지도라도 있었더라면, 어땠을까? 낯선 여행지에서는 아주 사소한 도움조차도 너무 값지다.

그렇다면, 이제 그 길에 들어선 이에게 내가 그 길의 안내자가 되어, 내 경험을 바탕으로 '시행착오의 시간을 반으로 줄여보자'라고 결심했다. 이 대목에서 '잘 알지도 못하는 내가 무슨 가이드야?'라고 생각할 수 있겠다. 하지만, 내가 생각했던 가이드는 그렇게 대단한 가이드가 아니다. 〈꽃보다 할배〉의 배우 이서진 씨와 같은 역할이면 충분하지 않겠냐고 생각했다. 그는 그 지역 전문가로 할배들을 도왔던 것이 아니었다. 전문가가 아니더라도, 한발 빠르게 부지런히 움직이면서 안내하는 가이드라면, 이서진 씨뿐 아니라 누구라도 할 수 있는 것이라고 판단했다.

나 같은 상황에 놓인 이들이 제일 먼저 하는 것은 바로 책을 읽고, 강의를 들으며 배우는 것이다. 단순히 책을 읽거나 강의를 듣는 것만으로는 내 것이 되지 않는다. 아마 책과 강의 쇼핑을 꽤 해본 이들은 모두가 공감할 것이다. 그 배움이 체득되었다는 것을 증명해내야 비로소 내 것이 된다. 자기 배움을 증명하는 가장 빠른 길은 남들에게 가르치는 것이라고 했다. 그래서 나는 스스로에게 강의라는 매개체를 통해 전하며, 끊임없이 배우고, 성장하는 궤도를 만들고 싶었다.

'퍼스널 브랜딩을 위한 강의 개발 및 컨설팅 서비스 제공, 그리고 1년간의 여정을 책으로 출간'이라는 목표를 설정했다.

강점(Strength)	약점(Weakness)
지속성, 책임감, 목적 중심, 22년의 업무 경력 (Planning, 교육, 인원 관리 등)	업무 무관한 지식 전무 홍보 채널 부족 (SNS 활용 미흡, 커뮤니티 활동 전무) 육아시간 필요
기회(Opportunity)	위협(Threat)
미라클 모닝 인원 많음 40/60 시장 활발 온라인 시장 활발	강의 시장 포화 강의 후발 주자

나의 SWOT 목표를 정하고 나의 스왓을 찾아보자

나의 SWOT을 분석해봤다. 나의 강점Strength은 꾸준함, 지속성, 책임감, 그리고 22년간 해온 업무 경험이 있다. 하지만 온라인 세상의 중심에 우뚝 서 있는 SNS나 커뮤니티 활동 경험이 부족하다는 약점Weakness을 가지고 있다. 그리고 아이들을 돌봐야 할 시간도 확보해야 했다. 게다가 위협Threat 요소도 많았다. 이미 온라인 속 세상은 각종 강의가 난무했다. 이러한 많은 공급자 속에 후발 주자로 들어가서 과연 승산이 있을까? 하지만 어느 곳에나 기회Opportunity는 있다. 여전히 미라클 모닝으로 자기 계발을 하는 사람이 많고, 특히 40대에서 60대의 온라인 시장은 매우 활발하다. 40~60대는 경제력도 어느 정도 갖추고 있고, 시간도 많으므로 앞으로의 시장은 더욱 활발

해질 것이다. 그렇다면 충분히 승산이 있다.

머뭇거리지 말고
일단 시작하자

직장인이라면 SWOT에 익숙할 것이다. 하지만, 자신의 목표 달성을 위해 나 자신을 SWOT 분석에 넣어본 적이 있는가? 이제는 목표를 설정하고, 나 자신을 냉철하게 분석할 때다. 더 이상 강점이 아닌 부분에 집착하거나, 이미 사라진 기회를 추구해서는 안 된다. SWOT에 나를 넣어 SWOT 분석을 통해 현재의 나를 객관적으로 바라보자. 나를 분석하고 구체적인 기간과 실행 방안을 담은 전략을 짜야 한다.

이때 주의해야 할 것이 있다. 목표 설정 및 전략에 객관성을 유지해야 한다는 것이다. 목표 설정, 전략 수립 및 실행의 주체는 바로 나라는 사실을 명심해야 한다. 자칫 목표 달성을 위한 전략이 아니라 안정적인 방향으로 기울어질 위험이 있다. 느슨한 전략보다는 다소 타이트한 전략이 낫다. 내가 꿈꾸지 못한 미래는 결코 내게 오지 않는다는 것을 명심해야 한다. 꿈의 경계선 너머로는 갈 생각조차 하지 않는다는 것이다. 그러니 다소 과한 느낌이 든다 해도 괜찮다. 1년이라는 정해진 기한 내 목표 달성에 집중해 과감하게 전략을 세우고, 독하게 몰입해보는 것이다. 이때, '과연 내가 할 수 있을까?'라는 의문이 들 수 있다. 하지만 해보지 않아서 두려움이 있는 것일 뿐이다. 스스로를 돌아보자. 잊히거나 무뎌진 감정 때문일 수 있다. 우리는 더 독한 것도 해냈다.

이제 실전이다. 나의 강점은 더 살리고, 약점을 보강해야 한다. 그리고 위협적인 요소를 대비하며 기회를 충분히 살릴 것을 고려해야 한다. 나의 경우에는 약점 보강이 시급했다. 그래서 많은 것을 배우기 시작했다. 하지만 많은 것이라고 함은, 내가 애초에 세상 밖에 처음 나와서 쏟아지는 강의와 책을 무분별하게 끌리는 대로 수용했던 것과는 다르다. 목표에 맞게 내가 찾아서 배우는 것이다. 책, 강의, 때로는 먼저 겪은 사람들과의 상담을 통해서였다. 유용한 도구 몇 개를 선정해서 파고들었다. 커뮤니티를 제대로 알지도 못한 채 커뮤니티도 만들었다. 그리고 미라클 모닝에 강의를 시작했다. 세상에 나와 갓 배운 노션Notion, 캔바Canva, 틱톡TikTok을 말이다.

초심자라면 누구나 자신을 만족시킬 완벽한 준비를 갖추고 싶어 한다. 하지만 현실은 그렇지 않다. 100번의 연습보다 단 한 번의 실전 경험이 더 중요하다. 이유는 바로 실전에서만 얻을 수 있는 경험과 교훈이 있기 때문이다. 실전 경험을 통해 우리는 자신의 실력을 실제로 검증하고 부족한 부분을 파악할 수 있다. 또한, 예상하지 못한 상황에 대한 대처 능력을 키울 수 있다.

무엇보다, 실전 경험은 자신감을 향상시키는 데 큰 도움이 된다. 실전 경험의 중요성을 알고 있지만, 두려움 때문에 망설이는 경우가 많다. 두려움만 증폭시키는 마음의 준비는 이제 그만. 머뭇거리지 말고 일단 시작해보는 것이 중요하다. 실제로 시작해보면 의외로 생각보다 쉽게 해낼 수 있다는 것을 알게 될 것이다. 자신감을 가지고 도전해보자. 물론 처음부터 완벽하게 할 수는 없다. 하지만 실수를 두려워하지 말고 계속 도전하는 것이 중요하다. 실수를 통해 배우고 성장할 수 있다는 것을 잊지 말자. 자신감을 가지고 도전한다면 분명 원하는 목표를 달성할 수 있을 것이다. 머뭇거리지 말고 일단 시작해보자. 할 수 있다.

3장

어썸인생,
이제
시작이다!

A YEAR
OF
MIRACLES

어쨌거나, 프로젝트는 시작되었고,
난 또 한 번 그것을 위해 달리고 있다.
멈추지 않고 달려가면 반드시 목적지에 도착한다.

모든 것은
배움에서부터

우리는 마흔에 만났다. 나이 차가 많이 나지만, 아이들과 친구 같은 엄마가 되고 싶었다. 자고로 친구라면, 공감대가 있어야 하지 않은가? 앞으로 녀석들이 살아갈 세상을 알아야 했다. 모든 게 낯설었다. 세상은 많이 바뀌고 있었고, 그 속도는 무시무시하게 빨랐다. Web 3.0, NFT, 암호화폐, 그리고 최근에 더해진 AI까지, 파면 팔수록 더 많아졌다. SNS도 벅차했던 나였다. 하지만 그것은 빙산의 일각이었다. 배울 것이 많다. 아이들하고 함께할 꿈이 있기에, 일단은 닥치고 공부를 시작했다.

배울 수 있는 곳은 많았다. 배우다 보니 그동안 몰랐던 세상을 발견했다. 아주 다양한 형태의 강의 시장이었다. 지금까지는 무엇을 배우고자 한다면 학원이나 인터넷 강의 업체에 돈 주고 배워야 하는 줄로만 알았다. 그런데 커뮤니티에서 무수히 많은 강의가 진행되고 있었다. 유료 강의만 있는 것이 아니라, 무료 강의로도 많은 것을 배울 수 있었다. 수준 높은 무료 강의도 많았고, 그 반대의 경우도 허다했다. 세상 밖 초보, 신입사원인 나에게는 무료 강의도 충분했다. 시간과 몸이 모자라 듣지 못하는 무료 강의도 너무 많았을 정도다. 강의 플랫폼, 줌 라이브 강의, 유튜브까지, 마음만 먹으면 못 배울 것이 없는 세상이었다.

어디서 배울 수 있을까

나 같은 회사 밖 인생 신입을 위해서 강의 시장과 관련해 몇 가지 내용을 첨언해보겠다. 첫 번째는 커뮤니티 기반으로 열리는 강의다. 강의는 무조건 돈 내고 듣는 것이라고 알고 있던 내게, 무료 강의의 장은 신세계였다. 하지만 무료 강의의 포맷을 쓴 강의들은 종류에 따라 품질이 천차만별이다. 각종 커뮤니티에서 열리는 무료 강의는 대개 재능기부 형태였지만, 유료 강의로 넘어가는 전 단계로서 홍보용 강의 비중이 더 컸다. 홍보 강의라고 해서 수준이 떨어진다는 뜻은 절대 아니다. 반면 유료가 무료보다 못한 강의도 많았다. 복불복이라고 해야 하나? 하지만 모든 게 상대적이다. 필요에 따라서 취사선택하는 것이기에 무조건 좋은 것도, 무조건 나쁜 것도 없다. 선택과 활용은 전적으로 내 몫이다.

두 번째는 국가에서 운영하는 사업이다. 구청 등 지역 기반 센터에서 열리는 사업이 많다. 이들 사업은 무료나 합리적인 비용에 수강할 수 있다. 그중 코로나 확산기간 때 활발하게 이루어졌던 것이 과학기술정보통신부에서 추진하는 디지털 배움터(www.디지털배움터.kr) 사업이다.

디지털 대전환이 가속됨에 따라 디지털 격차가 일상생활 속 불편을 감수하는 차원을 넘어 사회·경제적 기회 차별과 불평등을 심화시키는 요인이 될 우려가 있습니다.

더 나아가 코로나19 확산 등으로 인해 개인의 디지털 역량이 이제는 생존의 문제까지도 이어지고 있습니다. 이에 따라 국민 누구나 디지털 세상에 참여하여 디지털 혜택을 누릴 수 있도록 디지털 역량 교육사업을 추진합니다.

(출처 : 디지털 배움터 홈페이지)

디지털 배움터의 강의는 무료로 1일, 1시간으로 단기에 끝나는 것이 아니라 일정한 기간(수업의 종류에 따라 다르다) 내 커리큘럼을 기반으로 지속해서 배울 수 있다는 장점이 있다. 코로나19 확산으로 외부 활동이 어려웠을 때에 비해서는 온라인 강좌가 줄었지만, 다른 지역의 강좌도 들을 수 있으니 선택의 폭도 넓다. 게다가 각종 커뮤니티에 디지털 배움터 강사나 서포터즈로 활동하는 이가 많으니, 커뮤니티 참여를 통해 좋은 배움의 기회를 얻을 수 있다(참고로 2024년 3월 현재 신규 교육은 준비 중이다).

세 번째는 우리에게 가장 익숙한 온라인 강의 플랫폼이다. 대부분이 유료 서비스로, 구독이나 개별강의 결제 등 다양한 형태로 수강할 수 있다. 대표적인 것이 MKYU(https://www.mkyu.co.kr/), 클래스101(https://class101.net/), 클래스유(https://www.classu.co.kr/)이다.

추가로 큐리어스(https://curious-500.com/)를 조금 자세히 설명하려고 한다. 배움뿐 아니라, 초보자도 나의 배움을 증명하며 알릴 수 있는 플랫폼이기 때문이다. 큐리어스는 2023년 하반기에 홈페이지를 연 곳으로, '중장년 성장 놀이터'라는 콘셉트로 시작된 플랫폼이다. 강의가 아니라 어울림이라는 명칭을 내건 데서 짐작할 수 있는 것처럼, 어떤 주제든 원하는 사

중장년 성장 놀이터 - 큐리어스

람 누구나 자기 콘텐츠를 내세울 수 있는 곳이다.

큐리어스에서 다양한 주제의 온라인/오프라인 어울림 및 전자책을 찾아볼 수 있다. 디지털 도구와 AI, 글쓰기, 그림그리기, 건강과 운동 등 중장년층이 관심을 가질 만한 다양한 주제를 다루고 있다. 앞서 말한 것처럼, 큐리어스는 강의, 전자책을 구매하는 것뿐만 아니라, 내 것을 제공할 수 있는 강점을 가진 플랫폼이다.

그리고 마지막으로 유튜브. 유튜브는 손품을 팔아야 하는 점이 아쉽다. 하지만 유튜브는 국내뿐 아니라 해외 콘텐츠도 자유롭게 볼 수 있다. 요즘은 속도전이다. 유튜브에서는 발 빠르게 대응하는 크리에이터 덕분에, 하루 이틀 전에 업그레이드된 시스템의 내용도 배울 수 있다. 유튜브 콘텐츠는 이렇게 빠르게 변화하는 시대의 흐름을 담아내는 게 장점이어서 계속 병행해 배우고 있다.

공부의 목적은 무엇인가

다양한 방법으로 배워갔다. 아무런 지식자본도, 특별한 목적이나 장기적인 방향도 없는 상태에서 시작했기에, 무료 강의는 수도 없이 신청하고 듣고, 신청하고 듣기를 반복했다. '강의 쇼핑'도 해보았다. 하지만 시간이 갈수록 유료, 무료 상관없이 배우면 배울수록 내 안에는 물음표가 쌓였다. 도대체 이것을 배워서 무엇을 해야 하지? 무엇을 할 수 있지? 각각 연결 고리가 있을 것 같았는데, 그 고리가 도통 보이질 않았다. 나뿐 아니라, 많은 이들이 그 고리를 찾기를 기대하고 다음 강의를 결제하는 듯 보인다. '이번엔 무엇이라도 할 수 있겠지'라든지 '이번엔 무엇이 보이지 않을까' 하는 기대 말이다. 심지어 아직 듣지 못한 강의가 수두룩하지만, 누가 도움이 되었다고 하면 거침없이 또 강의를 신청한다. 그렇게 하나둘 쌓여만 가는 강의 숫자만큼 마음속 부담도 쌓였다. 그리고 이런 악순환의 고리를 끊지 못하는 사람은 나뿐이 아니었다.

배움을 통해, 나만의 방향, 목표를 찾을 수 있을 것이라고 믿었다. 게다가 모든 강의에서 내세우는 수익화는 내 이야기가 아니었다. 강의 맛보기만 수없이 하고 있는 느낌이라고 할까? 본격적인 식사도 없는 채 끝나기도 했고, 식사를 했지만, 영양가가 없었다. 시간이 점점 지날수록 배움 이후의 단계가 보이지 않았다. 이렇다 할 결과도 얻지 못하고 있지만, 나는 불안감에 배움의 끈을 놓지 못하고, 목표 없이 배우기만 하고 있었다.

어느 순간, 정신 차리고 악순환을 끊어야 한다는 결심을 했다. 배우는 것이 남는 것이라고 하지만, 심지어 열심히 배운 것도, 시간이 흐르며 내용은 기억 속에 남지 않았고, 불안감만 커져갔다. 어제 먹은 점심 메뉴도 잘 기억나지 않는 상황에서, 새롭게 쌓은 지식이 기억 속에서 희미해지는 것은 당연한 결과였다. 더 이상 무의미한 반복은 그만. 배움이 진정 내 것이 되어 다음 단계로 나아가길 바란다면, 배움이 체득되어야 했다. 이제는 배운 것을 실천에 옮겨 나만의 가치로 만들어야 한다.

회사원으로 살았던 나에게 배움은 성격이 조금 달랐던 것 같다. 이른바 스펙 쌓기, 나의 경쟁력 강화를 위해서 지식의 창고를 채우는 그런 것이 아니었다. 나의 배움은 무조건 결과를 위한 배움이었다. 그도 그럴 것이, 일과 연관된 것이기에 그러하다. 배우고 그것을 써먹을 것을 찾는 것이 아니다. 목적이 먼저였다. 어떤 프로젝트를 성공적으로 수행하기 위해, 나의 일을 하기 위해, 배워서 팀원과 유관자들에게 교육하여 공통의 어떤 프로젝트를 수행하기 위해 배웠다. 과몰입할 수 있었고, 단시간에 몰입하여 배우고, 그다음으로 이어가기에 충분했다. 직장동료들과 대화 중에 우스갯소리로 "고3 때 지금처럼 공부했으면 서울대 갔겠다"는 말을 하곤 했다. 이렇게 일하듯 공부했으면 지금쯤 내 인생은 달라졌으리라는 것이다.

목적과 방향이 분명하고, 그것을 이루기 위해 초집중해서 할 방법을 찾아 동원하면 못 이룰 것은 없다. 하지만, 그렇다고 해서 쉽다는 말이 전혀 아니다. 여기에 시간이라는 요소까지 더해지면 '매우 어렵다'가 된다. 하지만 시간을 넣지 않을 수가 없다. 언제까지 질질 끌고 갈 수는 없다. 정해진 시간, 초집중, 이 두 가지 키워드를 다시 꺼내 들었다.

일의 성과가 없이 늘 지지부진하다면, 프로젝트 완성 목표일due date 설정에 문제가 없는지 살펴봐야 한다. 우리는 특히나 새로운 일을 할 때, 미루기 병이 도진다. 익숙하지 않고, 어렵다는 평계로 계속 일을 미루는 것 말이다. 어려운 것은 당연하다. 그렇다고 맞서지 않고 피하기만 한다면, 결코 원하는 바를 이루어낼 수 없다. 그렇다고 처음부터 아주 넉넉한 목표일을 설정하는 것은 금물이다. 완성도가 떨어진다고 해도 일단 한 번은 끝까지 가보자. 다시 한번 말하지만, 가보지 않아서 겁날 뿐이지 의외로 쉽게 풀릴 수 있다.

어썸인생
프로젝트

휴직이라는 나의 선택, 이것은 최선이었을까? 휴직을 결
정했을 때, 나를 바라보는 그들의 눈빛에는 많은 것이 담긴 듯
했다. '실패'와 '안타까움'의 경계 그 어디쯤이었다. '실패'인
이유는? 내가 20년 넘는 경력을 지금 손에서 놓는다는 것은
'중단'보다는 '종결'에 가깝기 때문이다. 왜냐하면, 내 선택은
휴직이 아니라 퇴직이었기 때문이다.

경제적으로 사회적으로 어느 정도 자리가 잡힌 상태였다.
그리고 이제 그 자리에서 나오겠다는 것이다. 입은 "잘했다.
아이들은 엄마가 키워야지"라고 이야기하지만, '조금 더 버텨
보지 그랬냐'는 눈빛이다. 그도 그럴 것이 20년 넘는 동안 누
구보다 충실한 회사원이었다는 점은 누구도 부정하지 않았다.

동시에 내가 그 외의 영역에서 재주가 조금도 없다는 것도 모두가 잘 알았기 때문에 보내는 걱정의 눈빛이기도 하다. 세상 속에서 말 한마디 못 하고 가만히 있는 내 모습을 상상해보니 끔찍하다. 게다가 개인의 성장이 멈춘 상태로 세상 속에서 살아가는 것을 상상해보니 진짜 '노답'이다. 불가피했던 상황에서 내린 내 선택은 과연 옳았나? 아니면 나 정말 '실패'한 것일까?

사실 내가 '선택 잘했다, 아니다'에 얽매일 필요가 없었다. 코로나19의 영향뿐 아니라, 여러 환경적 요인을 감안했을 때, 사실상 퇴사는 시기의 문제였기 때문이다. "길어봤자 5년이야." 나와 비슷한 나이, 경력을 가진 동료들과 모이면 빠지지 않고 하는 말이다. 현 상황에서 꼭 육아 때문이 아니어도, 때가 임박해오고 있었다. 힘 빠지는 생각에 빠져 기운을 빼기보다는, 그 시간에 차라리 내 방식대로 잘 살아내고 있다는 것을 증명해 보이면 된다. 우리의 인생은 선택과 결정의 연속이고 그 책임을 지는 것은 자신에게 있다. 어차피 내 선택이 옳은지 그른지 확인할 방법도 없다.

더 나아가, 비슷한 고민을 한 동료들에게 한 줄기 빛이라고 하기엔 좀 거창해 보이고, 쌀 한 톨만큼이라도 도움이 되고 싶었다. 로또 당첨처럼, 인생 역전(?)과 같은 스토리를 갖게 된다면 더할 나위 없이 좋겠지만, 워워. 뭐든 지나치면 모자란 것만 못하다. 오버하지 말고 소박하게 20년 지기 나의 동료 H 와 K 그리고 이미 나보다 먼저 세상 밖으로 나온 B를 위해 '1년 고생할 것 6개월만 고생할 수 있게 하자'는 콘셉트로 무엇이든 시작하기로 했다.

왜냐하면, 개고생을 모두가 똑같이 할 필요는 없기 때문이다. 내가 세상 밖으로 나오기 전에 지금 고민하는 것의 개념만이라도 알고 있었더라면 현재까지 오는 과정들이 조금 더 연착륙이 되었을 것이라는 아쉬움이 있었다. 그런데 아마도 누군가가 이야기해도 들리지 않았을 수도 있다. 그만큼 회사원 A씨로서의 삶은 팍팍했고, 폐쇄적이었다. 하지만, 이런 힘 빠지는 생각에 기운 뺄 필요는 없다. 이제 아쉬움은 접고 실패가 아님을 증명하기 위한 프로젝트를 시작했다.

즐거운 삶을 위한
프로젝트

이제는 본격적으로 내 인생을 만들어가야 할 때다. 두 번째 즐거운 삶을 위한 프로젝트 시작, 이름하여 어썸Awesome

인생 프로젝트.

프로젝트. 내가 프로젝트를 또 시작할 줄 몰랐다. 그것도 회사로부터 받는 프로젝트가 아니라 스스로 시작하는 나만의 프로젝트라니, 이게 무슨 일인가? 솔직히 지겹다는 생각도 들었다. 하지만 이 방식이 가장 자연스럽고 익숙하다. 마치 파블로프의 개처럼, 무엇을 시작하려고 하니 앞뒤 따지지도 않고 '프로젝트'가 또 툭 튀어나온 것이다. 무엇을 시작할 때마다 목적을 세우고, 기간과 방법, 세부 계획을 세우고 준비 시작! 이게 바로 내 스타일이다. 그런데 과연 이게 될까 싶은가? 오랜 시간 동안 체득된 내 방식의 프로젝트, 그동안 업무 프로젝트의 성과는 충분히 입증되었다. 그렇다면 이제부터는 업무가 아닌, 다른 것도 적용하면 되겠다 싶었다. 인생도 예외는 아니었다.

나는 '어썸인생 프로젝트'라는 시스템에 나를 넣었다. 그 이유는 바로 마음가짐 때문이다. 이제부터 하는 내 이야기와 비슷한 상황에 처해 있다면, 함께 나만의 프로젝트를 만들고 실행해보자.

나는 내 일에서는 주저함이 많았다. 하지만, 일은 무조건 직진이었다. 일은 두려움보다 책임감이 앞섰다. 꼭 해내야겠다는 압박감 때문에, 수도 없이 자기 암시를 걸었다. 그리고 중요한 한 가지, 해낼 수 있다고 굳게 믿었다. 굳게 믿으니 때론 안 될 것 같은 일도 이루어졌다. 하지만 엄밀히 따지자면 일할 때는 팀을 믿었기에 가능했다. 하지만 일이 아닌, 내 인생과 관련된 것에선 한없이 작아졌다. 그동안은 나에 대한 믿음이 부족했다. 그래서 처음부터 한 치의 오차도 없이 완벽해 보이는 계획을 세우려 했다. 그러다 보니 시작하지 못하고 계획만 세우다 끝났다. 그리고 시작을 위해 늘 완벽한 때, 아니 적당한 때를 기다렸다. 업무 프로젝트라면 이는 가당치도 않다. 목표 설정 후 대략적인 계획만 세워져도 시작해야 한다. 왜냐하면 프로젝트는 늘 데드라인, 목표일까지 시간이 부족했기 때문이다. 내가 업무에 임했던 자세처럼, 두려워도 지금 자신 그대로 시작하기에 충분하다는 사실을 믿고 시작해보자. 대략적인 계획만 있어도 괜찮다. 수정하며 프로젝트를 완성해 가면 된다.

'아무것도 하지 않으면, 아무 일도 일어나지 않는다'라고 하지 않았나? 이제부터 실행하는 나의 프로젝트는 생각은 깊게 해도, 자신을 믿고 생각을 실천하는 행동만큼은 가볍고 빠르게 시도해보자. 지금은 마음에 와닿지 않더라도, 자신을 믿는 것이 자신감을 키우는 방법이라는 것을 잊지 말자.

실패해도
끝까지 간다

내 인생 프로젝트를 하면서 나는 왜 철저한 계획에 그토록 집착했을까? 바로 준비 부족에 기인한 실수, 실패에 대한 걱정 때문이었다. 업무에서 생기는 실수, 실패는 금전적인 것과 연계되는 것이 많기에 용납되지 못하는 경우가 많았다. 그래서 더욱더 긴장하고 집중해서 업무 성과를 내야 한다는 부담감이 컸다. 이러한 업무에 대한 혹독한 태도를 내 인생 프로젝트에 적용한 탓에, 무엇이 됐든 시작조차 하지 못하고 계획의 늪에 빠졌다.

이처럼 나는 인생 프로젝트 실패에도 유연하게 대처하지 못했다. 업무를 대했던 것처럼, 실수, 실패라는 결과를 낸 자신에게 혹독했다. 하지만 내 인생 프로젝트의 실패는 다르게 적용되어야 했다. 쉴 새 없이 실패한들 어떠한가. 실패의 흔적에 더 이상 부끄럽지 않기로 했다. 나에게 너그러워지기로 했다. 왜냐하면 실패를 나의 능력 부족이 낳은 되돌릴 수 없는 결과가 아니라, 목표를 위해 배우고 성장하는 기회로 정했기 때문이다. 실패했다고 해서 주저앉을 것이 아니라, 원인을 객관적으로 분석하고 개선할 부분을 찾아내고 해결책을 모색하면 된다. 이렇게 실패에 대한 적응력을 키워간다면 예상치 못한 인생의 난관에 처해도 같은 방식으로 극복할 수 있다. 나만의 프로젝트를 달성하고 싶다면, 이처럼 실패에 유연하게 대응해서 부러지지 말고 목표를 향해 나아가야 한다.

글을 이어가기 전에 한 가지 불편한 고백을 하고 넘어가야 할 것 같다. 내가 올해의 프로젝트로 스스로에게 던진 3가지 프로젝트는 나의 본래 성격과 맞지는 않는다. 어쩌면 무모, 그 자체다. 쉽게 말하자면, 난 이런 것을 할 수 있는 사람이 아니었다. 누구보다 나를 잘 아는 내가 나에게 던진 프로젝트이지만, 이전의 나에 대입해 본다면 가당치 않은 프로젝트다. 나도 모르겠다. 이런 것을 왜 내 자신에게 던졌는지 말이다. 새벽 4시 달리기를 했던 것도 모자라서 이런 프로젝트를 하고 있을 것이라고는 상상해본 적도 없었다. 가끔, 나도 이런 변화를 겪고 있는 나를 보며 놀란다. 던질 때는 무모하고 미쳤다고 생각할 수 있지만, 자리 잡고 나면 그것이 또 하나의 내가, 나의 스토리가 된다. 어쨌거나, 프로젝트는 시작되었고, 난 또한 번 그것을 위해 달리고 있다. 멈추지 않고 달려가면 반드시 목적지에 도착한다. 실패는 성공과 성장으로 가는 과정일 뿐 결코 두려움의 대상이 아니다.

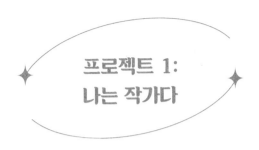

프로젝트 1:
나는 작가다

작가作家. 내게 작가, 저자author는 연예인이다. 그만큼 거리가 멀다. 20년 넘게 회사에 앉아서 일만 하던 나는 글을 쓴적이 없었다. SNS도 하지 않았다. 대부분의 소통은 딱 목적에 의한 것만 했다. 마음을 제대로 전하기 위한 최소한의 글발도 없었기에 가족, 지인에게 축하나 위로의 글을 전할 때마다 밋밋함 그 자체였다. 글을 짓는 작가는 이러한 의미에서 내가 감히 범접할 수 없는 영역이었다. 하지만, 난 '글쓰기'를 넘어 '책 쓰기'에 용감한 도전을 했다. 그리고 이 글이 세상의 빛을 발하는 날이 온다면 성공한 셈이 된다. 글을 짓는 작가로서의 이야기는 마지막 장에서 이어가기로 하겠다.

또 한 가지 의미의 작가writer는 글을 짓는, 책을 쓰는 작가가 아니다. 그것이 아니라면, 과연 무슨 작가인가? 우리말로는 작가이지만, 영문 표현으로는 디자이너designer에 더 가깝다. 100일간 100장의 글을 쓰는 백일백장 프로젝트를 소개받고 한 커뮤니티에 들어갔다. 거기선 이제 막 들어온 나에게 작가님이라는 호칭을 썼다. 글을 처음 쓰러 온 내게 작가님이라니? 혹시 무슨 오해가 있나 싶어서 서둘러 대답했다. "어? 저작가 아닌데요"라고. 하지만 나뿐만 아니라, 그 호칭을 처음 듣는 사람의 반응은 같았다.

커뮤니티에는 이미 책을 낸 작가와 백일백장 프로젝트를 따라서 글을 쓰는 이들이 많았다. 책을 내지는 않았지만 글을 쓰고 있으니 작가라고 부르는 것으로 생각했다. 마치 직업과 무관하게 존대의 뜻으로 무조건 사장님, 선생님이라고 부르는 것과 같은 느낌으로 받아들였다. 그 커뮤니티에서 백일백장을 시작했을 때, 스스로가 평생 글은 쓰지 않았던 사람으로 명했었다. 그랬기에 '작가님'이라는 호칭으로 내가 불린다는 것은 멋진 남의 옷을 빌려 입고 있는 것 같았다. 작가를 연예인으로 생각했었기에 더욱 그러했다. 옷으로 따지자면 무채색 인간으로 살아왔던 칙칙한 내게 누군가 가볍고 산뜻한 파스텔톤의 옷을 얹어준 느낌이었다. 처음엔 어색해서 벗어야 할 것 같았지만, 그냥 입고 있으니 고급스러워 보이는 색감이 싫지 않았다. 하지만, 알고 보니 작가에 담긴 더 중요한 뜻이 있었다.

책을 쓰는 작가가 아니라, 펜을 들고, 혹은 자판을 치며, 내가 나의 오늘 하루를 주체적으로 자발적으로 써나갈 수 있다는 것. 그래서 내가 만드는 대로 내 인생이 살아진다는 의미를 담은 작가이다. 심지어 펜은 에어펜이다. 주먹을 가볍게 쥐고, 엄지와 검지를 살포시 펴면 끝. 눈에 보이지 않지만, 내가 원하면 언제 어디서든 써 내려갈 수 있다.

퍼스널 브랜딩 전문가 그룹 책과강연의 대표 이정훈 콘텐츠 기획자의 말이다. 그는 이러한 의미를 담아 우리를 작가라고 부른다. 그가 말하는 작가의 의미를 듣고 나니, 무언가가 머리를 '띵' 하고 치고, 마음을 '댕~' 하고 울리는 것 같았다. 머리로는(아니 관습적이라고 해야 하나?) 당연히 주체적, 자발적으로 살아가면서 내 인생을 만들어간다고 생각해왔다. 하지만 큰 착각이었다. 회사원으로 살던 나는 한번 만들어진 틀 속에서 정신없이 살았을 뿐, 내가 내 인생을 만드는 주체로 살아간 것이 아니었다. 나는 어디에도 없었다. 여태껏 기승전'일', 기승전'회사'였다. 내 인생을 써가는 작가, 진정한 '작가'의 의미를 지금이라도 깨달음에 감사하며, 현재와 미래의 '나'에게 집중하기로 했다.

진짜 작가의 의미를 여러 번 곱씹었다.

하루하루 = 꾸준함

내가 주체적으로 자발적으로 쓴다 = 차별성

내가 만드는 데로 내 인생이 살아진다 = 내가 좋아하는, 잘하는

나의 콘텐츠를 만들어감

현재와 미래에 집중하여 본 나에게 작가는 퍼스널 브랜딩 그 자체였다. 매일매일, 하루하루를 내가 주인이 된 삶을 써 내려간다. 내가 만드는 대로 내 인생을 살게 한다. 그것이 진짜 나이고, 나의 브랜드이다. 뭔가 전율 같은 게 느껴졌다.

이거다. 난 이제부터 진짜 작가가 되어야겠다고 다짐했다. 중의적 의미의 작가로 살기로 했다. 두 가지 의미를 담은 작가의 삶은 매력적으로 다가왔다. 불과 1년 전의 나처럼 한 번도 느껴본 적이 없는 이들은 결코 꿈꾸지 못하지만, 한번 맛본 이들은 결코 빠져나갈 수가 없다. 나는 이제 시작이지만 이미 그 삶을 살고 있는 다수가 있는 것을 보니 옳은 길로 가고 있다는 내 생각에 확신이 들었다. 그동안 나는 마치 일이 나이고, 내가 일인 것처럼 살면서 일과 나를 동일시해왔다. 회사와

나는 영원할 수 없는데, 그다음을 생각하지 않았다. 아니 못했다. 어쨌거나 이제라도 깨닫게 되어 다행이었다.

내가 생각해본 적이 없는 새로운 길이라서 주저함이 많았고, 걱정이 많았다. 하지만 더 이상 묻고 따질 필요가 없다. 이제 '작가'로 살자. 내 인생의 주체로서, 내가 만들어가는 대로 내 인생이 살아지는 것이니 당연히 그리 살아야 하는 길이다. 일에 특히 더 몰입했던 사람일수록 나를 분리해서 생각하지 못한다. 다시 말하자면, 나로부터 일이 떠나는 그 순간을 상상할 때, 남은 나의 모습이 진가를 발견하지 못한다는 것이다. 그렇기에 그것이 분리되는 순간 분리불안이 오는 것은 당연한 수순이다.

하지만 여기서 잊지 말아야 할 것은 나는 일로부터 분리된 나의 진가를 아직 발견하지 못한 것뿐이지 빈껍데기가 아니라는 사실이다. 일과 분리되어 분리불안이 왔다고 해도, 결코 좌절의 늪으로 빠져들어 자책하며 더 깊은 곳으로 빨려 들어갈 이유가 없다. 그 순간을 인정하고 천천히 나 자신을 발견해가면 된다. 물론, 가능하다면 인생에서 일의 비중이 높아서 꼼짝 못 하는 상황일지라도, 일과 분리된 '나', 내 인생의 주제로서의 '나'의 존재를 틈틈이 생각해보길 바란다.

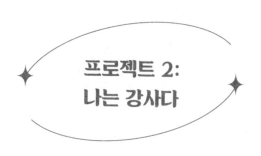

프로젝트 2:
나는 강사다

    나는 20년 넘는 기간 동안 발표 울렁증을 끝내 극복하지 못했다. 나는 진짜 부끄럼이 많고, 소심하다. 아마 회사의 주니어급 어린 동료들은 절대 공감하지 못할 것이다. 앞서 말했듯이 회사에선 누가 봐도 독한 년, 미친년이었으니까. 난 팀장, 중간 관리자였다. 발표해야 할 일도 많았고, 내가 하기 싫어도 불편한 말도 해야 하는 위치였다. 사실은 그 말을 하기 위해서는 대단한 준비와 용기, 노력이 필요했던 사람이다.

    특히 사업계획 등 중요 발표를 하는 일정이 잡히면, 아무 것도 할 수 없을 정도의 패닉상태가 된다. 발표 자료를 준비하고 미친 듯이 연습했다. 발표만 시작했다 하면, 나도 모르게 목소리가 덜덜 떨리고, 눈앞에 섬광이 보이면서 머리가 하얗

게 돼서 아무 말도 못 하는 그런 상태가 되기 때문이다. 사업 계획이니 그런 것 아니냐고 반문할 수 있겠다. 하지만 주간 회의 5분 아니 길어야 3분 동안, 앞에 나가서 발표하는 것도 아니고 자리에 앉아서 자료 화면을 보고 하는 발표 때도 여지없이 목소리는 떨렸다. 짧은 발표 순간이 지나가고 나면, 심장은 옆 사람에게 다 들릴 만큼 뛰었고, 발끝부터 정수리까지 온몸에서 열이 오르고, 얼굴은 터질 지경이 되었다. 이제 그만할 때도 되지 않았나 싶지만, 20년이 넘는 기간 동안 한결같았다. 심지어 코로나19 때 비대면 회의에서도 좀처럼 나아지지 않았다.

SNS에 얼굴 노출 콘텐츠가 없었던 이유 중 하나도 이 떨림 때문이다. 하지만 나는 이제 이렇게 강연하는 것을 즐기고자 하는 사람이 되겠다는 선택을 했다. 아직 완성형은 아니지만, SNS에서 얼굴 노출 콘텐츠 비율도 늘어나고 있고, 강의, 강연할 때 떨림은 패닉 수준은 아니다. 확실히 바뀌고 있다. 어떻게 이렇게 한순간에 바뀌었을까? 연예인들이 말하는 '입금' 때문에? 현재 무료 강의를 진행 중이니, 아니다. 우황청심환이라도 먹었나? 그것도 아니다. 내가 울렁증을 극복해가는 가장 중요한 힘은 바로 뚜렷한 목적 설정이다. 목적 달성을 위해서는 울렁증 극복이 필수 불가결하기 때문이다.

회사에는 수많은 프로젝트가 있다. 그리고 그 프로젝트는 선택하는 것이 아니다. 또한 프로젝트의 상당수는 내가 잘하는 것보다는 내가 못하거나 심지어 처음 해보는 것들이다. 또한 프로젝트는 주어지는 것이지, 선택의 성격은 아니다. 그야말로 '까라면 까'이다. 대충 까는 것도 아니고 잘 까서 꼭 성공해야 하는 것이다. 아무리 경험이 없고 처음 해보는 것이라 해도 결과를 만들어내야 한다. 프로젝트의 결과가 만족스럽지 못하다면, 과정과 원인을 분석해 개선 방안을 찾아야 한다. 그 과정에서 욕도 먹고, 술도 먹는다.

나에게 프로젝트는 이런 느낌이다. 그런 프로젝트를 스스로 보스가 되어 내게 던진 셈이다. 그 프로젝트를 기한 내에 수행하는 것도 필수 값이다. 무자본으로 빠르게 지식을 습득해 온라인 시장을 시작으로 빠르게 팔아보겠다는 큰 목표를 위한 프로젝트 강사 되기, 그 과정에서 떨림은 무조건 정면 돌파해야 한다. 될 때까지 자나 깨나 연습하면 누구나 돌파할 수 있다. 그런데도 돌파하지 못했다면, 여전히 연습량이 부족한 것이다. 세상 밖 1일 차에서 얻은 큰 깨달음 중 하나는 내가 극복하지 못한 것이 있다면 그것은 능력 부족 때문이 아니라 연습 부족 때문이라는 점이다. 내가 생각한 것보다 더욱더 많은 연습만이 나의 문제를 극복할 수 있다.

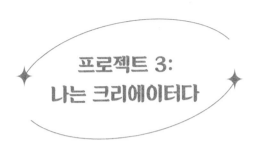

프로젝트 3:
나는 크리에이터다

나는 얼떨결에 크리에이터가 되었다. SNS는 인스타그램을 제일 먼저 시작했지만, 크리에이터라고 하기엔 딱히 올린 콘텐츠가 없었다. 그러던 중에 틱톡을 시작하게 되었고, 이후에 블로그, 유튜브 쇼츠 등으로 차츰 이어갔다. SNS에 관심이 전혀 없던 내가 퍼스널 브랜딩에 눈을 떠서 그것을 해보기로 마음먹었기에 SNS에 총력을 다해볼 생각이다. 하지만 너무 다양하고, 각각의 성격이 달라서 효율적 활용을 위한 나만의 공부를 진행 중이다.

왜 다들 크리에이터가 되려고 하는가? 가장 큰 관심사는 당연히 '수익화'였다. 모든 크리에이터가 수익화에 성공하는 것은 아니지만, 수익화하는 크리에이터 중 인플루언서라고 불리는 이들의 수익은 감히 상상 초월이다. SNS의 직접적 수익화는 물론, 간접적 수익화까지 연결되어 있다. 나도 크리에이터로서 한발을 담가 시작을 한 이상, 한 발짝 더 가보려 한다.

그 시작은 소비자에서 생산자로 마인드셋 전환하기다. 보고 즐기며 소비만 하는 형태가 아닌, 콘텐츠 생산이다. 생산자가 될 수 있는 소소한 도전을 했다. 플랫폼에서 수익화 방법을 알아보다가 리뷰 크리에이터를 알게 되었다. 쉽게 말하면 제품을 협찬받아 사용해보고 리뷰 콘텐츠를 만드는 것이다. 한 달 만에 협찬을 받지 못하면 수강료를 돌려준다는 강의를 듣고 리뷰 크리에이터가 되었다. 그리고 실로 한 달 만에 제품 협찬을 받게 되었고, 리뷰 크리에이터가 되었다.

다음은 플로FLO의 오디오 크리에이터에 도전했다. 내 콘셉트는 소소한 도전, 이 역시 대단한 오디오 크리에이터가 되겠다는 것은 아니었다. 도전하면 모두 보내준다는 선물 보따리가 탐이 났다. 놀랍게도 FLO 신입 오디오 크리에이터 3등 선정. 150만 원 상금도 받고 오디오 크리에이터가 되며, 얼떨결에 수익화에 성공했다.

그리고 나와 결은 제일 맞지 않는다고 생각했던, 하지만 제일 꾸준히 하는 틱톡 이야기를 해봐야겠다.

달리면서
틱톡

나의 틱톡 부캐는 러너TikTokRunner이다. 나는 아직 절친 몇몇을 제외하곤 틱밍아웃(틱톡 커밍아웃)을 하지 않았다. 두 가지 이유가 있어서이다. 첫 번째는 틱톡을 시작하게 된 계기가 SNS 소통이 아닌, 아주 소소한 수익화(하루 3,000원) 도전이었기에 굳이 알릴 필요가 없었다. 그리고 두 번째는 ○○상역차장, 발표 때마다 양처럼 떨리는 목소리로 듣는 이들의 마음을 더 불안하게 만들었던 극 I형 인간의 모습과 너무나도 다른 틱톡커, 틱톡러너라는 부캐는 스스로에게도 충격적인 모습이기 때문이었다. 소수의 절친들과 현생을 나누며 아주 조심스럽게 틱밍아웃을 했었다. 역시 그들의 반응은 내 예상대로였다. 그래서 더욱더 알리기가 부끄러워졌다.

다시 첫 번째 소소한 수익화 이야기로 돌아가 보겠다. 2022년 틱톡에서는 틱톡 유저들을 대거 확보하기 위해서 엄청난 프로모션을 진행했다. 아무것도 묻지도 따지지도 않고 영상 1개를 올리면 무조건 300원의 리워드를 받고, 하루에 3개까지 올릴 수 있다. 다른 크리에이터로부터 '좋아요'를 10개 받으면 리워드는 1개당 1,000원으로 바뀐다. 나의 목표는 3,000원이었지만, 틱톡이 프로모션에 쏟아부었던 금액은 대단했다. '좋아요' 400개, 4,000개, 8,000개, 15,000개 등 개수에 따라서 리워드 금액은 몇십만 원까지 올라갔다. 리워드 프로그램은 틱톡에 유저들이 대거 유입하면서 금액이 점점 줄어들었지만, 처음엔 리워드를 받을 수 있는 하루의 영상 총수가 3개가 아닌 4개였고, 액수도 개당 40만 원 가까이 되었다고 했으니, 하루에 리워드로 받을 수 있는 금액은 영상 3개만 해도 100만 원이 훌쩍 넘는 금액이다.

내가 시작했을 때, 리워드의 최소 조건은 '좋아요' 10개, 그다음 단계는 400개였다. 언감생심 틱톡 초보는 감히 꿈꾸지 못할 숫자였다. "틱톡이 뭐야?" 혹은 "틱톡 그거 왜 하니?"라는 이들과 살고 있었기에, 현실의 나는 '좋아요' 10개도 버거웠다.

땅을 파봐야 100원이 나올 리 만무하다. 하루에 나의 노력에 다른 이들의 협조가 더해진다면, 커피 한 잔 값은 받을 수 있었다. 나의 목표는 하루 3,000원! 3,000원을 향한 소소한 수익화, 스몰 프로젝트를 시작했다. 그리고 하루에 3개씩 콘텐츠를 찍어 올리기 시작했다. 하루 3개, "그거 그냥 찍으면 되는 거 아냐?"라고 쉽게 이야기할 수 있지만, 그 당시 퍼스널 브랜딩은커녕 이제 막 SNS에 입문했던 나는 콘텐츠의 개념조차 없었다. 그러니 도대체 무엇을 올려야 할지, 머릿속에 고민이 가득했다.

대단한 콘텐츠는 무리였다. 기록과 인증도 벅찬 때였다. 순간, '꼭 해야만 하는 나의 스몰 프로젝트 2개를 묶으면 어떨까' 하는 생각이 들었다. 건강을 위해 꼭 뛰어야 하는 러닝, 그리고 3개를 찍어 올리면 3,000원의 리워드가 생기는 틱톡. 그래서 틱톡러너가 되기로 했다. 처음 러닝을 시작했다. 달리기는 나는 평생 하지 못하는 영역이었다. 몸의 회복을 위해 운동을 시작하면서 어쩌다가 러닝에 도전했다. 8주간의 트레이닝 끝에 30분 연속 달리기에 성공했다.

하지만 꾸준함은 다른 문제였다. 러닝을 이어가야 하는 운명이었을까? 스몰 프로젝트를 위해 일단 러닝을 지속하기로 했다. 그래, 기록으로 시작해보자. 러닝 중에 3개의 콘텐츠를 찍어서 올렸다. 도전을 이어가다 보니, 100일이 넘는 기간 동안 하루도 쉬지 않고 달리며 콘텐츠를 올렸다. 그러다 프로모션 리워드 기간이 끝나고, 100일 러닝 후 환절기 체력 난조로 잠시 새벽 달리기를 쉬게 되었다. 나는 틱톡러너였지만, 러닝 콘텐츠 대신 다른 콘텐츠로 틱톡을 이어갔다. 왜냐하면 나의 콘텐츠는 아직이지만, 지속해간다면 수익화할 수 있는 루트가 여러 가지 있었기 때문이다.

모든 수익화의 기본은 숫자였다. 숫자로 증명되는 팔로워 수, 조회수, 좋아요, 그리고 꾸준히 올리는 콘텐츠 개수. 콘텐츠의 개수보다 중요한 것은 당연히 질이다. 양질의 콘텐츠를 꾸준히 올린다면, SNS는 그 숫자로 증명해줄 것이다. 누군가 그랬다. 꾸준히 하면 언젠가 반드시 터진다고. 신의 선택을 받는다는 알고리즘, 기본을 지켜간다면 내게도 응답하는 날이 올 것이다.

지금 보니, 세 번째 프로젝트가 내겐 제일 어려운 것 같다. 하지만 크게 걱정하지 않는다. 조급하다면 길을 찾지 못할 수 있지만, 여유를 가지고 길을 찾아 나가면 된다. 왜냐하면 어디든 길은 있다. 내가 가는 길이 지름길도 아니고, 맞는 길이 아닐 수도 있지만, 지구는 둥글다고 하지 않았는가? 길이 막혀 되돌아갈 수 있겠지만 결국 모든 길은 통하게 되어 있다. 나의 도전은 현재 진행형이다.

그리고 생애 최초 러닝 8.15킬로미터 63분 33초 완주. 사십 중반에 혼자서 새벽 러닝을 할 줄이야.

나의 부캐 '티톡러너' QR코드
새벽마다 100일 달리기 도전 중 난생 처음으로
러닝 8.15km(63분 33초)를 완주했다

4장

내게도
비서가
필요해

A YEAR
OF
MIRACLES

캔바는 파워포인트로 한 땀 한 땀
프레젠테이션 자료를 만들어왔던 내게
경이로움 그 자체였다.

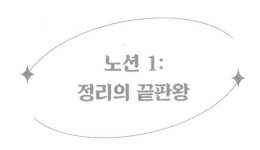

노션 1:
정리의 끝판왕

　퍼스널 브랜딩 시작. 혼자서 계획과 실행, 스케줄링, 각종 기록을 예쁘게, 보기 좋게 하는 것은 어려웠다. 나를 도와줄 비서가 있으면 좋겠다고 생각했다. 여러 가지를 배우는 동안 여러 도구를 접해왔다. 그중에 나를 서포트해줄 도구로 '노션'과 '캔바'를 선택했다. 회사에 다닐 때도 만나본 적이 없는 녀석들이다. 존재를 알지 못했다. 배울 것이 넘쳐나던 때, '캔바, 노션, 그게 뭐지?'라고 넘겼지만, 이것들이 지속적으로 등장하기에 배우고 쓰기 시작하면서 그 매력에 빠져버렸다. 노션은 간단, 명료하다. 캔바는 그 자체로의 쓰임도 탁월하지만, 섬네일 등 이미지를 더 보기 좋게 꾸며준다. 노션은 무뚝뚝하지만 내공 있는, 캔바는 센스로 가득한 비서 같다. 둘은 개별로도 훌륭하지만, 팀으로 조합할 때 더 탁월하다.

스케줄링과
기록, 정리

계획에 없던 미팅 소집이다. 서둘러 옆구리에는 회사 다
이어리를 끼고, 손에 핸드폰을 집어 들고 바쁘게 발걸음을 옮
긴다. 태블릿이나 랩톱도 챙기지만, 익숙하기로는 다이어리만
한 것이 없다. 미팅이 끝나면 다이어리의 페이지가 스케줄, 각
종 지시 사항, 전달 사항으로 빼곡하다. 다이어리는 미팅 때마
다 한 몸이 되지만, 간혹 놓고 오는 당혹스러움도 겪는다.

외부 미팅 때 두고 오기라도 한 경우에는 올스톱. 다이어
리가 없다고 일을 못 하는 게 말이 되냐고 하겠지만, 말 그대
로 지시 사항이 기억나지 않아서 일을 하지 못하는 게 아니다.
그냥 나의 기록, 역사이기에 다이어리의 부재는 나의 멘탈을
흔들어놓는다. 다이어리가 없다는 건, 꼭 입어야 할 옷을 안
입고 온 것과 같다. 다이어리 없이 빈손으로 미팅에 참석하는
직원의 태도를 운운할 정도다. 과장해서 말하자면, '다이어리
를 자주 두고 옴=정신상태가 해이해짐', '다이어리를 안 가져

옴=일할 마음이 있는 것인가' 등으로 평가된다.

회사에서 업무용으로 최소 두 권의 다이어리를 썼지만, 난 또 한 권의 개인용 다이어리를 썼다. 연말마다 커피의 잔 수를 다급하게 채워가면서 몇 년째 다이어리를 받았다. 그 돈 으로 다른 다이어리를 사는 것이 더 경제적이겠지만, 어차피 커피는 매일 마시니 다이어리는 무료(?)라는 생각에 열심히 모았다. 그렇게 다이어리를 받았어도 개인적인 용도로 절실 하게 사용하지 않았다. 매일 가지고 다녀도 펴볼 새도 없었고, 꺼내놓으면 어디에다 뒀는지 찾기 힘들었고, 정작 필요할 때 사용하지 못했다. 그 때문에 꼭 기억해야 하는 것만 간단하게 핸드폰에 남겼다.

휴직 후 나의 기록과 스케줄 정리는 모바일로 이어갔다. 그러나 이제 간단한 기록만 남길 앱만으로는 턱없이 부족했 다. 매일 가장 나와 가깝게 있는 모바일은 아날로그 다이어리 의 단점을 보완했지만, 간단한 스케줄이 아닌 조금 긴 내용을 담기에는 매우 불편했다. 손가락도 피곤하고, 내용이 길어질 수록 속도도 나지 않고 눈도 아프다. 한마디로 말하자면, 작 아서 답답했다. 그래서 랩톱의 엑셀로 기록을 옮겼다. 20년 넘게 써왔던 엑셀은 세상 최고의 프로그램이었다. 엑셀을 만 든 사람은 천재라고 칭송할 정도로 엑셀만으로 업무에 부족함이 없었다.

다만 엑셀은 PC에서 익숙하고 편하다. 모바일의 편의성을 따라가지 못하고, 매번 랩탑을 들고 다니기에도 무겁고 번거롭다. 엑셀 파일을 클라우드에 공유하면 모바일 사용이 가능하지만, 모바일에 최적화된 화면이 아니어서 그 모습이 탐탁지 않다. 엑셀은 사진, 영상, 링크로 된 자료들을 보기 좋게 배치하기에도 흡족하지 않다. 엑셀에 담지 못하는 개별 이미지와 영상 자료가 넘친다. 클라우드도 그 많은 용량 문제를 감당하려면 별도 비용을 내야 한다.

회사에선 PC와 다이어리로 스케줄링과 자료의 정리·보관에 문제가 없었지만, 다른 세상으로 나온 지금의 내게는 내가 원하는 것을 직관적으로 보기 좋게 사용할 수 있는 도구가 필요했다.

반갑다
노션

이전까지 내 개인 삶에는 생산성 관리 앱이 굳이 필요하지 않았고, 사용할 일이 없었다. 이제는 일상생활과 공부 중인 것들을 한 번에 정리할 수 있는 앱이 필요했다. 기록하고 정리할 것의 형태는 스케줄뿐 아니라 문서, 사진, 동영상, 유튜브를 포함한 각종 링크 등 다양했다. 엑셀은 물론이고 종이 다이어리, 수많은 생산성 앱, 구글 캘린더, 카카오톡 나에게 채팅, 네이버 밴드 등 좋다고 하는 것들을 찾아 써봤다. 그러나 직관적으로 보이지 않았다. 각각의 특성에 맞게 여러 군데 기록해놓은 까닭에, 다시 확인하려는 것을 한 번에 찾기가 힘들었다. 도대체 어디다 기록을 해놨는지조차 기억나지 않았다. 모두 한 바구니에 담고 싶었지만, 적당한 것이 없었다. 기록을 해놓고도 찾지 못한다는 것은, 뒤돌아서면 까맣게 잊어버리는 중년이 된 나에겐 치명적이었다.

내 삶을 기록하는 데 국한된 것이 아니라, 새로운 인생을 디자인하고 만들어가는 데 적합한 도구가 필요했다. 내 것뿐 아니라 점점 늘고 있는 아이들과 관련된 이런저런 것들까지, 하나로 해결할 수 있는 것이 필요했다. 나와 결이 맞는 도구가 절실했다. 그러던 중 도구의 끝판왕을 만났다.

닥치고 이것저것 배우고 있었던 그 시절, 많이 들었던 프로그램 중 하나가 노션이다. '생산성 도구계에 혜성처럼 나타났다'고, 누군가는 노션의 등장을 표현했다. 그만큼 이 분야에 능통한 이들에게도 센세이셔널했던 것 같다. 지금은 한국어

지원이 가능하지만, 한국어 지원이 안 되던 시절에도 노션은 많은 이들이 사용할 정도로 매력적인 앱이었다고 한다.

대체 노션은 어떤 도구인가? 노션은 여러 생산성 툴tool의 다양한 기능이 모여 있다. 쓰기 쉽다는 점이 매력적이었고, 직관적인 페이지 디자인이 가능하고, 심지어 예뻤다. 전문가들만 예쁘게 할 수 있는 것이 아니다. 입문자들도 기본기능에서 보기 좋게 꾸밀 수 있다. 노션 자체에서도 꾸밀 수 있다. 그리고 캔바와 같은 디자인 툴에서 만든 이미지가 더해지면서, 나만의 특별한 페이지를 만들 수 있다.

내가 노션의 매력을 쓰기 쉽다는 점으로 내세웠는데, 입문자가 쓰기 쉽다는 것에 대한 내 의견은 반반이다. 노션은 처음 만난 이에게 친절한 편은 아니다. 캔바처럼 한 번에 다 보여주고 꺼내놓는 친절한 타입은 아니다. 스타터 템플릿이라고 해서 최소한의 템플릿이 보이지만, 섣불리 접근했다간 상처만 입는다. 하지만 블록block이라는 개념과 슬래시slash('/'), 이 두 가지만 알고 있다면 노션의 매력에 빠져드는 것은 시간문제다. 이 둘에 익숙해질 때까지는 노션은 한없이 불친절하고 불편한 녀석이다. 나와 노션과의 만남도 그랬다.

낯설었지만, 노션이 궁금해서 주변에 물어봤다. 안타깝게도 지인 중에 노션에 대해 속 시원하게 말해주는 이는 없었다.

하지만 노션을 들어본 적이 있는 사람들 모두의 답은 한결같았다. "노션 좋다고는 하는데 잘 모르겠어요. 나도 배우고 싶어요." 좋지만, 잘 모르겠다. 그 말이 내게 이렇게 느껴졌다. 노션은 전교 1등, 착하고, 똑똑하고, 멋지고 예쁜, 인기까지 많은 드라마 속 친구. 그렇다면 무조건 친해져야지! 먼저 "반갑다" 하고 악수를 청하며 친해지기로 했다. 그렇게 무작정 노션을 시작했다.

노션과
친해지기

하지만 노션, '대체 어쩌라고?' 처음 내가 새 페이지를 열고 느꼈던 마음이다. 보통의 프로그램은 윗줄에 메뉴바가 있어서 몇 번 눌러보면 대충 무엇을 해야겠다고 감이 오기 마련인데, 윗줄이 휑하다. 이건 뭐지? 도대체가 이것저것 눌러봐도 알 수가 없었다. 눌러볼 것이 그리 많지도 않았다. 컴퓨터에 능하진 않지만 그래도 사무직 22년 차인데 이래도 되나 싶을 정도의 당황스러움이 몰려왔다. 일단 메모장으로 써보기로 했다. 하얀 새 페이지에 글을 적었다. 그리고 엔터. 한데 기분

첫 만남 노션, 과연 시작할 수 있을까?

이 묘했다. 윈도우의 기본 메모장을 비롯해 워드, 한글, 이메일, 블로그, 텍스트 기반의 모든 프로그램에서 느꼈던 익숙했던 느낌이 아니었다. 뭔가 갑자기 윗줄과 단절된 느낌. '뭔가 다른데…'라는 느낌이 왔다. 나중에 알게 된 사실이지만, 바로 노션의 기본 단위인 블록이 윗줄과 아랫줄의 묘한 경계를 만들었다.

　첫 느낌은 PC의 아주 간단 메모장보다 불편했다. 좋다 좋다 하니 써봐야겠다는 마음만 앞섰고 도통 진도가 나가지 않았다. 전교 1등과는 접근도 힘든 일인가? 괜찮다. 시간이 조금 걸리더라도 친해질 방법을 찾으면 된다. 불편했던 첫 만남 탓인지 나와 결이 맞는 친구가 될지 확신이 서지 않았다. 혼자서 친해지기가 어려웠다. 그렇다면, 노션과 친해지기 위해서 방법을 찾기로 했다.

나에겐 7인으로 구성된 커뮤니티가 있다. 우린 복근 챌린지에서 만났지만, 이젠 운동뿐 아니라 두 번째 삶을 준비하는 데 필요한 것을 함께 나누고 고민하는 사이가 되었다. 1년 넘게 매일 새벽 줌Zoom에서 만난다. 같이 또 따로 배우고 공부하면서 인사이트를 나눴다. 그 커뮤니티에서 함께 노션 온라인 강의를 듣기로 했다. 혼자서도 할 수 있지만, 함께 하면 그 시너지가 발휘된다. 노션에 관심이 있었던 터라 같이 배워보기로 했다. 그저 노션이 좋다고 하니, 궁금함에 함께 시작했고, 함께 공부하면서 매력에 빠져들었다.

노션과의 본격적인 만남은 그렇게 시작되었다. 늘 만나는 새벽 시간에 강의를 같이 들으며, 메뉴를 하나하나 따라가면서 익혔다. 인터넷 강의, 유튜브, 혹은 책을 놓고 혼자 공부할 때 가장 어렵게 느껴지는 부분은 막힐 때다. 한번 막히면 좀처럼 진도 나가기가 힘들다. 막힌 부분을 모르는 채 넘어가는 일이 반복되면 결국 포기하게 된다. 이런 점 때문에 돈이 더 들어도 대면 강의를 듣거나, 실시간 온라인 강의를 듣게 된다. 하지만 우리는 막강했다. 함께하니 서로가 부족한 부분을 채울 수 있었다. 같이 하니 스케줄에 맞게 수강할 수 있었다. 그렇게 하루하루 한 챕터씩 공부하며 노션에 빠져들었다. '이래

Our mission
We humans are toolmakers by nature, but most of us can't build or modify the software we use every day — arguably our most powerful tool. Here at Notion, we're on a mission to make it possible for everyone to shape the tools that shape their lives.

노션의 기업 미션 (출처: 노션 링크드인 페이지 https://tinyurl.com/3bdndx45)

서 노션, 노션 하는구나'를 느껴갔다.

　그저 궁금해서, 좋다고 하니 배움을 시작했지만, 내가 노션을 알아가면서 '이것이 내가 찾던 나의 도구다'라고 명명한 계기가 있었다. 바로 노션의 기업 미션이었다.

　우리는 많은 도구를 사용한다. 하지만, 우리가 강력한 도구라고 인정하는 것을 각자 방식대로 사용할 수는 없다. 우리가 개발자가 아니므로, 정해진 의도에서만 사용할 수 있고, 만들거나 수정할 수 없다. 하지만, 노션은 각자의 삶의 방식대로 사용할 수 있도록 개발되었고, 그 방향으로 더 진화하고 있다.

　각자의 삶의 방식대로 사용하는 도구, 과연 어떤 뜻일까? 미션을 보는 순간, 내게 꼭 필요한 삶을 디자인하는 도구, 퍼스널 브랜딩을 위한 도구로서 노션을 꼭 사용해보고 싶었다.

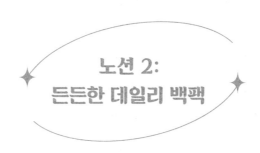

노션 2:
든든한 데일리 백팩

    나에게 노션은 내가 늘 가지고 다니는 가방 같았다. 무엇이든 내가 필요한 것은 다 담을 수 있고, 언제든 쉽게 꺼내어 사용할 수 있다. 내가 가장 좋아하는 노란 백팩은 육아휴직 때 받은 동료들의 선물이다. 가방도 늘 블랙이나 튀지 않는 색을 고수해왔던 내게 밝은색을 선물해주고 싶었다고 했다. 아주 화려하지는 않다. 하지만 예쁘다. 가방도 큼직해서 내 것과 녀석들 것도 함께 넣어 다닐 수 있다.

    무엇보다도 마음에 드는 것은 공간 활용이다. 랩톱의 별도 공간, 가방 속 주머니, 그리고 앞주머니에 양옆 포켓까지 나누어 쓸 수 있는 공간이 잘 갖추어져 있다. 그저 용도에 맞게 각 공간에 적절히 나누어 담는다. 바쁠 땐, 제일 큰 공간에 때려

넣을 때도 많아서 찾지 못하고 허둥대는 일도 있지만 결국 가방 속에 다 있다. 시간이 날 때마다 가방 속을 한번 다 꺼내서 정리, 버리기를 반복하며 야무지게 사용하고 있다. 나의 일정에 따라 가방의 용도는 수시로 변한다. 내 것을 담을 때가 가장 많지만, 때로는 장바구니, 주말엔 녀석들의 잡동사니들로 가득 찬다. 많이 담아서 늘 무겁지만, 가방을 멘 순간 든든하다.

노션은 그런 가방과 같았다. 두려움과 막막함에 걱정만 가득 떠안고 사는 내게, 이제 정신 차리고 하나씩 정리하면서 나아가라고 하늘에서 내려온 선물 같았다. 새로운 삶은 어두컴컴했다. 아무것도 모르고, 가야 할 방향도 몰라 답답했다. 목표, 계획, 스케줄링과 실행. 무엇이든 기록하고, 기억해야 했다. 닥치는 대로, 내 나름의 제일 나은 방법으로 기록했다. 하지만 데이터가 쌓이자, 찾는 데 많은 시간을 썼다. 정작 필요한 때 사용하지 못하는 일도 허다했다. 왜냐하면 PC에 저장해놓고, 다이어리에 써놨지만, 핸드폰만 들고 나왔기 때문이다.

노션을 사용하면서 조금씩 달라졌다. 여기저기 온라인과 오프라인으로 흩어졌던 메모, 자료, 스케줄 등 필요한 것을 다 담았다. 여전히 많은 데이터를 담고 있지만, 가방의 수많은 주머니와 같이, 워크스페이스 구별 혹은 페이지 구별로 거뜬하게 해결했다. 방대한 데이터를 어디서든, 언제든지 꺼내 볼 수 있다. 머리에 다 담지 않아도 되고, 용량 걱정 안 해도 되는 그런 든든한 툴이 되었다.

노션의 기본은
'블록'

　노션의 기본은 블록이다. 블록은 노션을 생산성 앱의 최고봉으로 만든 일등 공신이다. 그러나 진입장벽으로 가장 많이 꼽는 이유이기도 하다. 왜냐하면 블록은 익숙하지 않기 때문에 초보자는 어렵게 느끼기 때문이다. 노션이 처음이라면, 블록은 그 개념이 전혀 감이 오지 않을 것이다. 당연하니 너무 당황하지 말자. 나도 그랬다. 블록이 어렵다면, 쉽게 레고 블록을 떠올려 보자. 레고는 다양한 블록으로, 개수 제한 없이 원하는 대로 쌓아가며, 무엇이든 만들 수 있다.

　레고는 처음에는 작은 조각에 불과하다. 하지만 레고로 못 만드는 것이 없을 정도로, 정교하고 멋진 예술 작품을 만들 수 있다. 어른의 레고가 전혀 이상하지 않다는 말이다. 따라서 레고를 더 이상 어린아이만의 장난감으로 생각하는 이가 많지 않을 것이다. 레고를 가지고 아빠와 아들이 서로 자기 것을 사수하려고 다툰다는 이야기를 종종 들었다. 다양한 크기와 종류의 블록으로 아이는 아이만의 것을, 아빠는 아빠만의 것을 만든다. 작은 집은 물론, 멋진 성, 마을까지 만들어낸다. 그만큼 블록이 다양하고, 그 블록으로 만들어내는 결과물은 다채롭고 경이롭기까지 하다.

노션이 그렇다. 노션의 블록도 가로, 세로와 무관하게 쌓을 수 있다. 블록은 텍스트, 표는 물론 이미지, 동영상, 지도 등 다양하다. 사용자에 따라서 큼직한 블록으로 아주 단순하게, 혹은 다채롭게 사용할 수도 있다. 다양한 블록들을 내 방식대로 쌓아 올리면 끝. 그것이 바로 하나의 페이지다. 어떠한 블록을 어떻게 사용하느냐에 따라 완성되는 페이지는 다양하다. 또한 대시보드와 같은 페이지에 하위 페이지를 원하는 만큼 넣어, 방대한 양의 데이터베이스도 정리해 모두 담을 수 있다.

나만의 공간,
워크스페이스

노션의 가장 큰 장점을 꼽으라면, 나만의 공간을 만들어 갈 수 있다는 점이다. 내 공간이라고 명명된 워크스페이스에 모두 한 방에 담아, 원하는 대로 페이지를 구성할 수 있다. 빈 페이지에 마구 채워 넣는다. 아이디어가 없을 땐, 다양한 템플릿을 쓸 수 있다는 점 또한 매력적이다. 디자인 아이디어가 없거나 대략적인 틀만 가지고 있어서 실제 노션에 적용하기 어려운 경우에도 걱정 없다는 뜻이다. 특히 노션에 진입장벽을 느끼는 초보자들에게 템플릿은 꼭 필요하다. 초보자도 템플릿을 사용해 내 생각을 적절히 믹스매치해서 사용할 수 있다. 그렇다면 내가 원하는 대로, 동선에 맞추어 효율적으로 페이지를 변형하고 구성할 수 있다.

노션은 예쁘다. 수많은 종류의 데이터를 직관적으로 보기 좋게 정렬하고, 거기에다 예쁘기까지 하다면, 나 자신을 더 어필할 수 있다. 노션 내부에 있는 이모지, 아이콘, 무료 이미지, GIF를 활용해 누구나 클릭 몇 번만 하면 쉽게 페이지가 예뻐진다. 그리고 다음 장에서 다룰 디자인 툴인 캔바에서 만들어낸 나만의 이미지로 간편하게 세상 둘도 없는 내 것을 완성한다. 노션 페이지가 밋밋하다고 해서, 노션을 제대로 활용하지 못하는 것이 아니니 오해하지 말자. 다채롭고 예쁜 디자인 페이지만이 노션을 잘 사용하는 것은 아니라는 말이다. 단순의 미학도, 다채로움도 다 좋다. 노션이 내 생활에 가져다주는 혜택benefit과 가치merit가 중요하지, 겉모습은 중요하지 않다.

노션은 사용하는 사람에 따라 그 모습이 천차만별이었다. 노션의 유연함은 각자의 개성을 모두 포용할 수 있는 것처럼 느껴졌다. 사용자는 물론, 용도, 사용 방법이 다양하다. 노션을 홈페이지로 사용하는 기업도 많고, 편리한 메모 앱 정도로 사용하는 개인도 많다. 이런들 어떠하며 저런들 어떠하리. 각자의 방식에 맞춰 필요한 대로 사용하면 된다. 그 느낌 그대로 쓰자. 노션을 사용하는 방법에 정답은 없다.

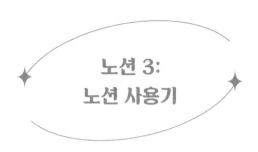

노션 3:
노션 사용기

　나의 노션 이야기로 조금 더 구체적인 사용기를 들려주려 한다. 처음에 나는 노션을 메모장으로 사용했다. 일단 곳곳에 산재해 있던 데이터를 노션에 모아보았다. 내가 여기저기 정리해놓았던 모든 데이터를 모아서 아주 깔끔하게 정리해 새 인생을 살아보고 싶었다. 하지만 그렇게 하다간 정리는커녕 과거에서 헤어나지 못할 것이 뻔하기에 그냥 그 순간부터 정리하기 시작했다. 그 대신 정리하다가 이전 기록이 필요한 것은 이전의 기록 공간에서 가지고 오는 것으로 만족했다. 효율적으로 살기 위해 선택한 앱이기에 제1의 원칙은 웬만하면 모든 것을 그때그때 노션에 기록하는 것이다. 그러면서 차츰 나의 일상생활과 공부 중인 많은 것들을 정리할 수 있었다. 정리가 되니 헤매지 않고 찾을 수 있어 시간 낭비가 줄어들었다.

기록이 흩어졌던 가장 큰 이유는 기록의 순간에 가장 쉽게 쓸 수 있는 곳, 잡히는 곳에 아무 데나 썼기 때문이었다. 포스트잇과 다이어리, 카카오톡 '나에게' 보내기, 혹은 모바일의 메모장과 캘린더, 그리고 랩톱에서 메모장과 엑셀까지. 그때마다 일단 편한 곳에 기록했다. 그러다 보니 정작 필요한 순간에 사용하지 못했다. 카카오톡 '나에게' 보내놓은 메시지처럼 확인 과정이 번거로운 경우도 있었지만, 기록한 곳이 기억나지 않는 게 가장 큰 문제였다. 매번 찾느라 시간을 허비했다. 찾으면 다행이지만, 못 찾는 빈도수도 잦아졌다. 이런 내 자신이 한심하고 답답했지만, 반복되니 개선이 아니라 어느덧 인정하게 되었다.

하지만 노션을 사용한 이후에는 달라졌다. 자료를 찾는 시간이 줄었고, 적재적소에 맞게 사용했다. 노션의 검색 기능은 제목뿐 아니라 페이지 내에 있는 내용까지 검색해주므로, 내가 텍스트만 잘 입력해놓는다면, 다 찾을 수 있다. 커뮤니티 카톡방에 넘쳐나는 파일과 링크들을 찾느라 카톡방의 내용을 힘겹게 거슬러 올라가는 '벽 타기'가 일상이었지만, 이제 노션으로 공유하며 협업해 기록해놓으니, 그 또한 편하고 놓치는 것이 없었다. 그리고 일정 기간이 지나서 그 자료가 필요할 때도 노션에서 쉽게 찾았다.

내가 노션을 본격적으로 활용하게 된 일등 공신은 편의성이다. 배움의 기록 대부분은 랩톱에서 한다. 아무래도 화면도 크고 넣을 것들도 많으니, 편하다. 이전에는 PC에 저장한 내용은 클라우드로 옮겨놓지 않는 이상, 묶인 자료로 이동할 때 쉽게 사용하지 못했다. 하지만 노션은 웹 기반이므로 이동 중에 모바일로 데이터를 찾아보고 사용한다. 간단한 기록이나 사진은 모바일 노션으로 바로 올린다. 모바일로 사진을 올려놓으면, 랩톱에서 바로 정리하기 쉽다. 이렇게 노션은 인터넷이 연결된 환경이라면 어디서든 바로 꺼내 볼 수가 있고, 용량을 걱정할 필요가 없다. 우리나라는 인터넷 환경이 좋아서, 웹 기반 노션은 시간과 장소를 구애받지 않고 사용하기 좋다. 외부 강의나 중요 프레젠테이션을 진행할 때, 나의 랩톱에 문제가 생기거나 큰 용량의 자료를 담은 USB를 실수로 가져오지 않았다고 해도 진땀 빼는 일은 없을 것이다.

노션은 대시보드라고 불리는 페이지를 사용한다. 뭐라고 해야 할까? PC의 바탕화면, 혹은 하위메뉴로 연결된 홈페이지의 첫 화면이라고 생각하면 쉽겠다. 직접적으로 링크 연결도 가능하고, 습관 체크, 일별·주별·월별 캘린더, 강의 노트, 날씨, 동영상, 노래, 이미지 등 정말 안 넣어지는 것이 없을 정도다. 노션은 이미지, 비디오, 오디오 등의 파일을 포함시키기 (임베드)가 간편하고 쉽다. 추가로 플랫폼 간의 호환성이 좋아, 캔바, 유튜브 링크를 쉽게 임베드한다. 임베드는 '창문' 역할을 한다. 단순히 링크를 북마크해놓는 것이 아니라, 노션 창에서 바로 볼 수 있다. 예를 들면, 유튜브에서 미리 골라놓은 오프닝 곡과 캔바로 작성한 강의 자료까지 임베드하면, 각각의 사이트로 이동할 필요 없이 노션 페이지 내에서 볼 수가 있다. 원스톱 프리젠테이션 도구로도 편리해서 강의 때 많이 사용한다. AI까지 탑재가 되며 쓰임새가 더 다양해졌다. 추가로 노션은 개인의 공간뿐 아니라, 팀과 협업해 실시간 협력 작업 및 공유가 가능하니 팀이 빠르고 쉽게 작업을 진행할 수 있다.

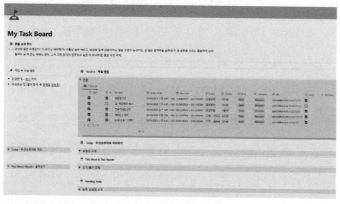

제2의 뇌 노션 나의 모든 루틴과 해야 할 일이 정리되어 있다

노션으로 할 수 있는 것은 다양하다. 스케줄, 습관 트래커, 독서 기록, 다이어트 기록, 강의안, 포트폴리오, 이력서, 블로그 등 나열하기 어려울 정도로 많은 것을 담을 수가 있다. 원하는 무엇이든 담아보자. 처음엔 굳이 예쁘게 만드는 것을 신경 쓰지 않아도 된다. 무엇으로 시작해볼 수 있을지 생각해보고, 바로 사용해보라. 가령 업무, 개인 스케줄, 가족 스케줄 등 전에는 각각 다른 앱, 다이어리 등으로 관리했던 것을 먼저 노션 페이지로 통합하는 것, 그것만으로도 시작은 충분하다. 익숙해지면 노션으로 하루를 시작해 마감하는 삶으로 바뀔 것이다.

놓치지 말아야 할
도구

물론, 아쉬운 점도 있다. 첫 번째는 진입장벽이다. 광범위한 기능, 블록 개념 등은 노션을 시작하는 사용자들에게 낯설고 높은 문턱이다. 앞서 언급했던 것처럼 나도 그랬다. '워드나 한글과 비슷하지 않을까?' 하는 생각으로 시작해봤다. 오산이다. 완전히 달랐다. 나는 노션을 조금 불친절한 앱이라고 생각했다. 첫 페이지에 들어가도 아무것도 할 수가 없을 정도로 막막함이 있다. 왜냐하면 첫 페이지에 설명이 없다. 우리가 접하는 프로그램 대부분은 첫 페이지, 주로는 홈 화면 상단 바혹은 사이드바를 살펴보면 어느 정도 파악이 가능하다.

그런데 노션은 그렇지 않았다. 상단 바는 없다고 하는 쪽이 더 맞다. 그리고 사이드바는 들어가 봐도 별로 도움이 되는 것이 없다. 하지만, 노션에는 다른 곳에 없는 것이 있었으니, '/', 바로 슬래시다. 슬래시가 노션의 핵심 키다. 그 어디든 상관없다. 블록에서 '/'를 누르는 순간 원하는 블록 종류들이 쭉 나타난다. 그제야 마음의 안정이 찾아온다. 물론 나중에는 블록 리스트에서 찾는 것이 번거로워지면서 단축키로 많은 것을 해결하게 될 것이다. 단축키 사용을 통해 더 쉽게 사용하게 되는 도구가 되었다.

그 외 몇 가지 아쉬운 점을 짚고 넘어가기로 한다. 노션을 홈페이지로 사용하는 기업들이 많은 것은 사실이다. 하지만 웹사이트처럼 아주 정교한 디자인이 반영된 레이아웃을 짤 수 있는 구조는 아니다. 많은 기업에서 노션을 선택한 것을 보면, 이것은 아주 큰 아쉬움은 아니다. 또한 노션은 인터넷이 연결될 때는 만능이지만, 반대로 인터넷이 없을 때는 무용지물이다. 그리고 고급 기능AI 사용이나 협업 옵션에 따라 유료 플랜을 사용해야 한다. 하지만 일반 사용자는 무료 플랜으로 충분하다. 참고로 학생과 교사는 유료 플랜을 무료로 사용할 수 있다. '.ac.kr, .edu'로 끝나는 이메일이면 교육 플러스 플랜으로 변경할 수 있다. 업그레이드 플랜으로 노션을 마음껏 사용해보길 바란다.

커뮤니티를 오픈한 이후, 나는 퍼스널 브랜딩 도구로 내가 선택한 노션, 캔바를 알리고 있다. 다른 리더가 진행하는 동영상 캡컷capcut 강의까지 포함해 정기적으로 일주일에 세 번씩 만난다. 이 세 가지 중 노션은 시작하기 전부터 커뮤니티 원들이 가장 많이 걱정했고, 미팅 시간(우리는 줌 강의 시간은 미팅이라 부른다)에도 가장 어려워한다. 아직은 시작 단계라 어려움보다는 낯섦이라고 생각한다. 나의 걱정은 지레짐작으로 노포자(노션 포기자)가 속출할까 하는 것이다. 부디 너무 빠르게 포기하지 말고, 시간을 두고 사용해보길 권한다.

노션은 내가 만난 온라인 비서 중 단연 최고다. 소문대로였다. 놓치고 싶지 않고, 그를 여러 사람에게 소개하고 싶다. 진심이다.

센스의 끝판왕,
캔바

노션을 앞세워 언급했지만, 만남의 순서로 따지자면 캔바
가 먼저이다. SNS의 시작과 함께 만났으니 조금 더 앞선 인연
이다. 노션은 작정하고 계획해서 만났다고 하면, 캔바는 우연
한 만남이었고, 첫눈에 반했다.

캔바와의 만남은
필연

인스타그램에 막 발을 들이고 나서, 탐구가 시작되었다.
인스타그램에 올라온 게시물을 탐색했다. 알고리즘은 젊고 예쁘고 자기애가 가득한 피드, 아이들 사진으로 가득한 육아맘을 드러내줬다. 하지만 온라인 세상 속 배움 인증을 위한 신규 계정으로 변경하니, 내 게시물에 맞춰 이전과 전혀 다른 종류 게시물, 자기 계발에 진심인 피드가 가득 보였다. 한데, 50~60대. 요즘에 사진만으로 나이를 미루어 짐작하는 것이 적절하지 않을 수도 있지만, 대충 봐도 내 나이 기준으로 한참 위였다. 아래의 연배는 절대로 아니었다. 처음에는 그러한 연세에 인스타그램을 다루는 그것 자체가 놀라웠다. 인스타그램, 틱톡 등의 SNS는 MZ세대의 전유물이라고 생각했던 내 생각을 확! 깨주었다.

콘텐츠에 올라오는 카드뉴스는 '고퀄'이었다. 카드뉴스를 보며 견적을 내봤다. MS 파워포인트로 내가 그것과 비슷한 결과물을 만드려고 막노동에 가까운 작업을 하느라 써야 할 시간은 어림잡아 1~2시간. "와, 진짜 대단하다"라는 말이 거침없이 나왔다. 하지만 머지않아 알게 되었다. 그 카드뉴스는 5분 컷으로 누구나 만들 수 있다는 것을. 그것을 만들어주는 툴이 있다고 한다. 심지어 무료. 그것이 바로 캔바였다.

그렇게 내가 캔바를 알게 되어 감탄하던 때, 우연히 캔바를 무료로 가르쳐주는 재능기부 강의 글을 발견했다. 아마도 알고리즘 덕분이 아닐까? 그때까지만 해도 이제 갓 회사가 아닌 세계에 발을 들여놓은 때였다. 그때 나는 당연히 강의는 갖추어진 일정 규모의 플랫폼에서 인강 혹은 유튜브로만 해야 하는 것으로 알고 있던 때다. 그런데, 일면식 없는 사람들에게 무료로 아무런 조건 없이 캔바를 가르쳐준다고 했다. '대박! 그런데 이거 진짜일까?' 하는 반신반의한 마음으로 신청했다. 신청 순간부터 의심과 걱정이 시작되었다. '다른 걸 팔려고 그런 것 아닐까? 강의 당일 과연 줌 링크가 올까?' 생각했다. '처음 배우는 프로그램인데 잘 배울 수 있을까?' 하는 긴장감까지. 어쨌건 줌 링크를 받아서, 강의에 입장했다.

어, 이거 뭐지? 캔바는 신세계였다. 캔바는 PC와 모바일 기기에서 모두 사용할 수 있는 프로그램이었다. PC로 강의를 들으면서 모바일로 수업을 따라갔다. 모바일로 손가락을 눌러가며 따라갔다. 처음엔 모바일로 무엇인가를 디자인해본 적도 없었고 캔바의 메뉴가 익숙하지 않아서 그저 정신없이 따라가기에 바빴다. 하지만 1시간 수업이 끝나자, 내 손에 내가 만들었다고 하기엔 믿기 어려운 결과물이 있었다. PC도 아니고 모바일에서 고작 몇 번 왔다 갔다 클릭 몇 번 했을 뿐이었다. 지금 보면 허술하기 짝이 없겠지만, 그땐 정말 훌륭함 그 자체였다!

그렇게 시작한 캔바는 알면 알수록 정말 매력덩어리였다.

몇 개 눌러보고 또 눌러 보고 하다 보면 시간 가는 줄 몰랐다. 그 덕분에 세상 밖 출근 1일 차의 삶에서 빠질 수 없는 '인증' 이 수월해졌다. 나의 실체를 알리는 인증, 난 실행보다 인증이 더 어려웠다. 인블유에 인증하란다. 인블유, 대단한 단어인 줄 알았다. 인블유는 인스타그램, 블로그, 유튜브를 합쳐 부르는 말이었다. 처음엔 인블유가 무엇을 지칭하는지도 몰랐고, 그 중 단 한 개도 하고 있지 않았다.

처음 접한 인스타그램에서 일명 뽀대 나는 인증 피드를 보며 주눅이 들었었다. 난 그런 멋진 피드는커녕, 인증의 벽 에 부딪혔다. 챌린지 시작 전에 배포된 이미지 파일에 목표작 성과 서명을 하라고 했다. 이미지 파일에 텍스트 몇 글자 쓰는 것도 너무 힘들었다. 그랬던 내게 캔바는 빛이었다. 텍스트 몇 자 쓰는 것은 1분이면 충분했다(지금은 10초 걸린다). 한동안 간 단하게 캔바를 사용해서 인증을 열심히 했다. 하지만, 뚜렷한 목적 없이 지내다 보니, 인태기(인스타그램 권태기)를 맞이했다. 나는 인증의 굴레를 벗어나고 싶었다. 연말까지 정신없이 대 대적으로 진행됐던 미라클 모닝 챌린지의 막이 내리면서 인 증 해방. 캔바 사용이 시들해졌다.

캔바,
자격증 따기

그래도 배움은 계속했다. 하지만 구체적인 목적을 정하고 배움을 한 것은 아니었다. 그러다 보니 혼란스러워졌다. 당연한 순서였다. 인풋만 하고, 아웃풋이 없으니, 앞으로 '정말 뭘 해야 하나?' 하는 한숨과 걱정이 더 쌓였다. 시작할 때는 무엇이든 할 수 있을 것 같았지만, 제자리였다. 특히 수익화 관점에서 성과가 나지 않으니, 괜히 배웠나 하는 본전 생각도 들었다. 구슬이 서 말이라도 꿰어야 보배라고 하지 않았나? 딱 그랬다. 뭘 배우기만 했지, 배운 것들을 꿰지 못했다. 나만의 문제는 아니었다. 이제라도 정신을 차리고 아웃풋을 내야겠다고 결심했다. 하지만 여전히 강의 시장에서 벗어나지 못했다. 그 대신 다른 시각의 강의가 눈에 들어왔다. 바로 캔바 자격증 과정이었다.

'재밌다. 이거!' 오랜만에 무료 캔바 수업에 참여했다. 그리고 그 시간은 강렬한 여운을 남겼다. 캔바에 대한 기억이 희미해져서 첫 설렘을 잊고 있었는데 그때 그 느낌이 되살아났다. 무료 수업에서 기능도 배웠지만, 몇 개의 코스로 구성된 캔바 자격증 과정을 설명하는 자리였다. 지식창업을 하겠다고 생각하고 있던 나는 역시 피해 갈 수 없었다.

나는 기부 천사였다. 회사 다닐 때, 건강을 위해 피트니스 센터 등에 등록하고 가지 않는 기부 천사들이 그렇게 많았다. 나도 대표 주자였다. 그리고 그와 비슷한 모양새로 온라인 세상에서는 강의 쇼핑이 유행했다. 온라인 강의 결제만 해놓고 다 듣지 못하는 사태가 속출했다. 듣방, 즉 듣기만 해도 성공적이라고 평가했다. 결제한 강좌가 다 끝나기도 전에 제 나름의 이유가 있어서 새로운 강좌를 또 결제한다. 묶어 파는 패키지 강좌, 녹화본 제공하는 강좌. 이런 식의 패턴이 반복되니, 듣지 못하거나, 겨우 듣기만 한다. 그러다 보니, 내용은 배운 것도 아니고 안 배운 것도 아니다. 수강하지 못한 채 기한을 넘기는 것이 허다했다.

이렇게 결과 없는 소비만 지속되다 보니, 뭔가 증빙이 남는 결과를 얻고 싶었고, 그랬던 이의 목마름을 해결해줄 것 같은 오아시스가 나타났다. 바로 캔바 강사 자격증 과정이었다. 라이브와 녹화영상으로 과제를 병행하고, 강사가 과제 피드백도 동영상으로 해준다. 과제 제출과 포트폴리오 제출 심사로 자격증이 발급된다고 한다. 과제를 충실히 하면 문제없이 포트폴리오를 만들어낼 수 있다고 하니, 해볼 만하다고 여겼다. 물론 국가 공인 자격증도 아니고, 민간 자격증이다. 그리고 자격증 하나 가지고 있다고 해서 모두가 가지고 있는 근본적 고민이 단방에 해결되지는 않는다는 것을 너무나 잘 안다. 하지만 프로필 밑에 한 줄이라도 넣고 싶은 마음에 다들 관심이 몰렸다. 불안한 심리를 꿰뚫는 마케팅인 것을 알면서도 하나둘 결제하기 시작했다. 나도 그중 하나였다.

양파 같은
캔바의 매력

본격적인 강의와 과제가 시작되자, 녀석은 매력을 뿜어냈다. 매시간 녀석의 색다른 매력을 만났다. 까도 까도 계속 나오는 양파와 같았다. 이 느낌은 나뿐만이 아니었다. 함께 공부하는 소규모 커뮤니티에서 노션에 이어서 캔바를 같이 공부했다. 모두 캔바의 매력에 흠뻑 빠져들어, 본격적으로 사용하기 위해 팀 요금제를 결제했다. 그렇게 캔바에 날개를 단 나는 점점 빠져들었고, 한동안 과제 하느라 정신없이 보냈다.

캔바는 파워포인트로 한 땀 한 땀 프레젠테이션 자료를 만들어왔던 내게 경이로움 그 자체였다. 제로베이스에서 만들 필요가 전혀 없다. 수많은 템플릿이 있었다. 파워포인트도 템플릿이 있다. 하지만, 그 둘을 굳이 비교한다고 하면 파워포인트는 조선시대, 캔바는 MZ세대 느낌이다. 내가 느꼈던 격차가 실로 대단했다. 파워포인트는 무료로는 사용이 어렵지만, 캔바는 무료로 사용해도 괜찮은 디자인이 가능하다. 무제한으로 템플릿, 요소 및 몇 가지 고급 기능들을 사용하려면 유료 버전을 사용해야 하지만, 무료로도 충분히 사용할 수 있을 정도다. 유료 버전도 5명이 팀을 이루어 연간 구독으로 사용하면 비용이 합리적이다. 심지어 교육자, 비영리단체는 무료로 사용 가능하다고 하니, 알면 알수록 괜찮은 녀석이다.

나보다 세상 밖에 조금 더 일찍 나온 직장동료, 나는 그녀를 온라인 세계로 발 딛게 했다. 그녀는 결단력과 추진력이 타의 추종을 불허한다. 그녀는 능력을 발휘해 엑셀로 스케줄 표까지 작성해서 내게 공유해놓고, 새벽부터 밤늦게까지 잔뜩 몰입해 배움을 이어갔다. 그녀를 누가 말릴까? 나는 그녀와 함께 캔바 자격증 과정을 수강했다. 그리고 캔바에 푹 빠져들었던 그때 내가 그녀에게 이야기했다. "언니, 캔바 이거 회사 다닐 때 알았으면 퇴근 시간이 달라졌을 것 같아." 그러자 그녀가 "맞다"라며 한껏 공감했다. 그리고 내가 아직 남아 있는 친한 회사 동료들에게 알려줘야겠다고 말하자마자 나지막이 내뱉은 한마디. "야! 가르쳐주지 마. 그냥 고생하라고 해." 그녀의 한마디에 완전 빵 터졌다. 난 회사 밖 세상을 사는 특권이라고 생각하며 그녀의 말에 순응했다. 나는 안다. 내가 캔바를 이야기해도 어차피 회사에서는 끼어들 자리가 없다는 것을 말이다. 지금 당장 일터에서는 사용하지 못하지만, 퇴직 후 나와 같은 필요를 느낄 때 기꺼이 알려주어야겠다고 생각하며 마음속에 저장했다.

모든 것은 캔바로 통한다

모든 것은 캔바로 통한다. 캔바 커뮤니티 사람들이 하는 말이다. 그런데 정말 진짜였다. 기승전캔바. 쓰지 않을 땐 몰랐는데, 캔바를 쓰기 시작하고 각종 SNS와 강의까지 하다 보니, 캔바가 안 쓰이는 곳이 없었다. 내가 캔바를 처음 사용했던 곳은 SNS이다. 인스타그램 피드, 릴스, 스토리는 당연하다 (틱톡과 유튜브의 쇼츠는 릴스와 결이 같으니 당연하다). 그뿐 아니라, 각종 섬네일, 이를테면 유튜브 섬네일, 블로그 섬네일, 그리고 온라인 강의 사이트 섬네일 등을 모두 캔바로 만들었다. 내용이 같으면 각각의 섬네일은 크기 조정만 하면 바로 사용할 수 있기에 이것 또한 원 소스 멀티 유즈One Source Multi Use가 바로 가능했다. 크기 조정은 무료 버전에서는 바로 안 되고 복사해서 붙여넣는 번거로움이 있지만, 유료 버전은 한 번의 클릭으로 충분했다.

강의 프레젠테이션 자료, 포트폴리오, 홈페이지까지 수업 진도를 나가면 나갈수록 캔바의 매력은 계속 나왔다. 요즘 핫한 전자책도 캔바로 뚝딱이다. 한 단계 더 나아가서 전자책을 플립북flip book으로 만들 수 있는 외부 사이트로 연동해서 특별한 전자책까지 만들 수 있었다. 퍼스널 브랜딩 시작할 때 꼭 필요한 로고는 돈 내고 맡기는 그것으로 생각했는데, 나같이 디자인에 소질이 없는 사람도 캔바로 로고, 명함을 뚝딱 만들었다.

이 매력에 푹 빠져서 나는 퍼스널 브랜딩 강의에 캔바를 활용해서 로고와 명함을 제작했다. 모두가 하나같이 디자인에 재주가 없다고 말씀하시던 수강생분들은 캔바로 손쉽지만 전문가의 손길이 느껴지는 로고와 명함이 탄생되자 무척 만족스러워했다. 캔바는 호주에 본사를 두고 있는 기업이라 전 세계적으로 많이 쓰는 앱들이 다양하게 연동되어 있다.

이렇게 실용적인 부분 외에도 디지털 아트 영역까지 확장할 수 있는 것이 캔바다. 요즘 빠져서는 안 될 트렌드인 AI까

몇 번의 클릭으로 완성되는 나의 포트폴리오

지 캔바에 탑재된 후에 점점 더 날개를 달았다. 대체 캔바가 가진 매력의 끝은 과연 어디일까?

간절히 원하면 이루어진다고 했다. 난생처음으로 퍼스널 브랜딩을 시작하겠다고 결심했다. 배우고 실행해가는 것은 문제가 아니었지만, 그 과정에서 기록과 정리, 스케줄링 관리는 또 다른 문제였다. 다소 주먹구구식으로 해결하고자 했지만, 한계에 부딪혔다. 하지만, 주저앉지 않고 찾아서 배우다 보니 탁월한 조합을 찾아냈다. 난 그렇게 내가 직접 디자인하는 삶을 함께 꾸려갈 똑소리 나는 비서, 노션과 캔바를 만났다. 시작이 좋다.

5장

판타스틱
커뮤니티
라이프

평생을 소속의 테두리 안에 있었던 터라,
자연스럽게 다른 소속감을 찾기 시작했다.
그때 보이기 시작한 것이 커뮤니티였다.
내가 또 다른 형태의 소속감을 느낄 수 있는 곳,
바로 커뮤니티였다.

틱톡,
나의 부캐는 '러너'

솔직한 심정은, 나를 알리고 싶지 않았다. 앞에서 언급했던 것처럼 나는 걱정이 많은 사람이다. 굳이 튀고 싶지 않았다. 여태껏 살아왔던 무채색 인간이 편했다. 하지만 로마에 가면 로마법을 따르라 했다. 전혀 감이 오지 않았지만, SNS에 도전하기로 했다. 자타공인 '독한 년'의 프레임으로 20년 넘게 지냈다. 못 할 것은 없다. 일단 꾸준하게 하다 보면 방법을 찾지 않겠는가? 그리고 기록으로 출발했다. 기록할 거리를 찾고, 꾸준히 기록해보기로 마음먹었다.

그래서 찾아낸 것이 바로 러닝이었다. 러닝의 시작. 내 인생에 달리기는 없었다. 나이가 들면서 그것은 더 견고해졌다. 젊고 팔팔쌩쌩할 때도 못 달렸던 내가, 나이가 들어가면서 달릴 수 있을 것이라곤 상상한 적도 없다. 중학교 이후로 달리기는 안 하는 것이 아니라 못 하는 것이었다. 하지만 의도하지 않게 내 체력을 시험하는 일이 생겼다. 아이들을 등원시키고 출근하다 보니, 9시에 맞춰 자리에 앉는 기본조차 힘들었다. 자주 뛰었다. 그때마다 난 숨이 넘어갈 뻔했다. 내일은 제발 5분만 일찍 도착하자고 다짐했다. 말도 잘 안 통했던 20개월 남짓한 녀석들 앞에서 아침 시간은 통제 불가. 짝꿍과 나는 늘 초긴장 상태. 한끝이라도 어긋나면 큰일이다. 하지만, 녀석들이 알 리 없었다. 한겨울에도 땀이 뻘뻘 나도록 뛰었다. 나의 달리기는 초긴장 상태에서 한계를 뛰어넘어야 하는 힘든 달리기였다. 이렇게 유쾌하지 않은 기억이 더해지니 달리기는 딱! 질색이었다.

그랬던 내가 사십 중반에 매일 새벽 달리기를 할 줄이야. 자발적 트레이닝의 결과로 8주 만에 30분 동안 쉬지 않고 달리기에 성공했다. 그러다가 815런 인증에 얼떨결에 동참했다 (참고로 815런은 8.15킬로미터를 쉬지 않고 달리는 것이다). 그즈음 내가 나를 러너라고 명명하고 이를 꽉 물고 달렸다. 나 자신과의 약속 때문이라기보다는, 그놈의 '인증' 때문이라고 해야 더 맞을 것이다. 어쨌거나 기록, 아니 인증을 위한 달리기가 지속되었다.

단순한 기록도
꾸준히

단순한 기록도 꾸준히 하면 신의 선택을 받을 수 있다. 나의 틱톡 부캐는 러너, 틱톡러너다. 달리기에 대한 나의 의지를 담아 부캐를 러너라고 했다. 나의 틱톡은 9할이 운동 기록이다. 러닝 기록, 1분 머리서기 기록, 그리고 커뮤니티원들과 함께하는 운동 기록. 내가 계단 오르기와 달리기를 처음으로 성공하고 나서 이후 시도하고 있는 동작들이 머리서기, 스쿼, 푸시업이다. 나의 기록을 보고 많은 사람이 오해한다. 내가 운동을 아주 좋아하고, 잘하는 사람이라고. 단언컨대 아니다. 이게 모두 생존을 위한 움직임이며, 나는 이 최소한이라도 유지하려고 하는 사람이다.

기록의 첫 시작이 러닝이었다. 2022년 처음으로 달리기 100일을 채우고 나서, 간헐적으로 달렸다. 그리고 1년 만에 다시 815런에 도전했다. 그런데 815런의 D-Day가 지나고 그다음 날이었던가? 러닝하면서 늘 그렇듯이 틱톡을 켰다. 그런데 팔로우 증가 수가 표기된 것을 보니 +400이었다. 잠이 덜 깨 +40을 잘못 본 줄 알았다. 다시 보니, +400이 맞았다. '웬일이지?' 전에 없던 숫자다. 조회수를 살펴보기 시작했다.

꾸준함은 틱톡 알고리즘을
움직인다

어쩌다가 몇천 조회수가 나오는 콘텐츠가 있었지만, 보통은 300~400 조회수가 나의 평균이다. 그런데 머리서기, 아침 운동 기록을 남긴 것 중에서 조회수가 2만이 넘은 콘텐츠가 2개 발견이 되었다. 그리고 몇 개의 콘텐츠가 뒤따라 조회수가 오르고 있었다. 그리고 며칠 동안 영상들이 전체적으로 조회수가 올라가고 있다. 7만이 넘은 콘텐츠도 여럿 생기고, 그 덕분에 팔로워 유입이 지속됐다. 전주 팔로워 수가 11,400명. 400명이 증가한 것을 발견된 날로부터 5일 만에 3,500명이 증가한 것이다. 그리고 알고리즘을 탄 나의 틱톡은 그 후로부터, 20여 일 넘게 꾸준히 팔로워 유입으로 25,000 팔로워가 되었다. 책 출간 시점에 여전히 25,000대로 있을 수도 있다. 별 볼 것 없는 계정은 일주일에 몇 명 오를까 말까 하는 것이 당연한 세상이기 때문이다.

패시브 인컴을 향해

애초에 SNS를 두려움의 대상으로 생각했던 나 같은 이들 말고, SNS를 소통의 수단, 브랜딩의 수단으로 사용하고자 하는 사람은 한마음일 것이다. 계정 성장(팔로워 증가)으로 브랜딩 구축, 그리고 그것을 기반으로 수익화. 수익화에는 여러 가지 형태가 있겠지만, 일종의 패시브 인컴을 얻고 싶어 고군분투하는 이들이 적지 않다.

예를 들면, 블로그, 유튜브, 인스타그램 운영을 통한 광고 수입 및 협찬, 팔로워를 기반으로 한 전자책 판매, 온라인 VOD 강의 판매, 각종 템플릿 판매 등이다. 물론 강의를 듣고 야심차게 시작했던 초기의 마음가짐, 열정, 노력에 비하면, 다들 기대만큼 결과를 얻는 것은 아니었다. 같이 시작했어도, 아니 나보다 늦게 시작했어도 결과에서 상당 부분 차이가 난다. 그럴 땐 힘이 쭉 빠지며 '왜 쟤는 되고, 난 안 되는 거야?' 하고 실망한다.

SNS는 변수들이 많아서 모두 다 객관화해 비교하기에 쉽지 않다. 한 가지 불변의 법칙은 있다. 주제에 맞는 양질의 콘텐츠를 꾸준히 올린다면, 절대로 실패하지 않는다. 양질의 기준은 상당히 모호한 구석이 있고, 꾸준히 올려서 계정 성장을 하다가 정체기를 맞이하는 때도 많다. 그러면 대체 어쩌라는 말인가? 그래도 답은 '꾸준히'다. 꾸준히 하면 언젠가는 터진다. 나도 꾸준히 달리고, 운동하며 기록한 덕에 알고리즘의 선택을 받았다. 왜냐하면, 단순한 기록뿐인 내 콘텐츠가 양질이 아니라는 것은 명백하기 때문이다. 양질의 콘텐츠에 자신이 없더라도 아예 시도조차 하지 않는 것보다는 꾸준한 기록부터 시작해서 감각을 익혀보는 것이 좋다. 물론 양질의 콘텐츠에 기초한 꾸준함이라면 결과는 더 기대해볼 만하다.

틱톡은 여러 플랫폼 중 가장 의외성이 높다. 팔로워, 구독자 기반으로 노출을 해주는 타 플랫폼과 달리 불특정 다수에게 콘텐츠를 노출해준다. 초보자들에게 기회가 많다. 즉 초보자 진입장벽이 낮은 편이다. 그 덕분에 SNS에 폐쇄적이었던 내가 틱톡을 시작해서 틱톡 강사로, 틱톡커로 지낼 수 있게 되었다. 조금 더 나아가면, 언젠간 나도 틱톡에서 패시브 인컴을 받게 되지 않을까? 상상만으로도 즐겁다.

판타스틱
틱톡 라이프

틱톡에서 수익화하기. 누군가는 SNS를 하면서 돈이 통장에 찍히는 그것만큼 즐거운 것이 없다고 했다. 자신이 연예인도 아니고 틱톡으로, 블로그로, 인스타그램의 홍보를 활용한 수익화를 할 줄이야 꿈에도 몰랐다는 이들이 많다. 틱톡 이야기를 시작한 김에 모두의 관심사인 돈 벌기, 즉 수익화에 대해서 조금 이야기해보겠다. SNS에서 내 상품을 홍보해서 판매로 이어지거나, 혹은 제품을 협찬받는 형태의 수익화가 아닌, 틱톡 플랫폼 자체에서 수익화가 이루어지고 있는 몇 가지를 소개해보려고 한다. 내가 퇴직 후를 준비하면서 1년 안에 다 섭렵해서 모든 성공 사례를 이야기하면 좋겠지만, 그런 내공은 안타깝게도 없으니 나의 소소한 경험과 주변, 커뮤니티에서 성공한 사례 몇 가지를 소개하겠다.

틱톡 챌린지

두려움을 넘어서 '즐거움'이 시작되는 첫 번째는 틱톡 챌린지 참여다. 틱톡은 다른 숏폼에는 없는 챌린지 문화가 있다. 2020년 지코의 〈아무노래〉, 그때 난 틱톡을 하고 있었던 때도 아니었지만, '지코의 〈아무노래〉 챌린지'를 알고 있었다. 그만큼 〈아무노래〉 챌린지 열풍은 한국에 틱톡이 대중적으로 자리 잡는 데 큰 몫을 했다.

요즘 틱톡의 챌린지 문화는 기업들의 홍보 수단이다. 챌린지가 브랜디드 콘텐츠 형태로 확산되고 있다. 브랜디드 콘텐츠란 쉽게 말하자면 기업의 광고 홍보를 해주는 콘텐츠이고, 과거에 연예인의 전유물이었던 것이 이젠 크리에이터에까지 확산하는 변화가 생긴 것이다. 즉 주어진 미션에 맞추어 올린 영상이 선정되면, 조회수에 따라서 광고비를 받게 되는 것이다. 기업을 광고하는 콘텐츠라고 하면 연예인을 대신할 만한 대형 틱톡커에만 해당하는 것으로 생각할 것 같은데, 아니다.

1만 명 이하의 팔로워를 가진 틱톡커도 영상이 터지면 그 수익을 올릴 수 있다. 이건 '카더라'가 아니라 실제 커뮤니티에서 입증된 내용이다. 15초짜리 브랜디드 콘텐츠가 20만이 넘는 조회수가 나왔고, 약 35만 원의 수익을 인증했다. 나는 딱 한 번 브랜디드 콘텐츠로 선정되어, 약 5만 원의 수익이 생겼다. 이는 틱톡에서 콘텐츠 수와 '좋아요' 수에 대비해 리워드를 지급하던 2022년에 비하면, '큰 한 방!'이다. 그땐 잘 받아야 3,000원을 받으려고 매일 새벽에 죽도록 달렸다. 그 외에도 각 기업에서도 상품뿐 아니라 백화점 상품권, 현금 등 다양하게 이벤트를 진행하고 있어 소소한 재미를 맛보고 있다. 이처럼 틱톡은 대형 인플루언서만이 아닌 크리에이터가 수익화 기회를 잡을 수 있는 플랫폼이다.

틱톡 라이브

다음은 틱톡 라이브다. 라이브 방송이라고 하면 당연히 연예인이나 인플루언서, 혹은 잘나가는 유튜버들이 하는 것이었다. 실제로 틱톡의 라이브를 보면, 유명한 연예인들이 라이브 방송을 한다. 하지만, 연예인들 라이브 방송보다 더 많이 볼 수 있는 것은 일반 크리에이터들이다. 그럼, 연예인급 외모를 가진 이들이 주로 하나? 절대 아니다. 지극히 평범한 일반인도 많다. 심지어 나보다 나이가 더 많으신 분들도 많다. 외모, 나이, 상관없다. 대중과 소통만 가능하다면 누구든지 라이브 방송으로 전 세계 팬을 확보할 수 있다.

라이브 방송 기능은 인스타그램, 유튜브 등 대부분 플랫폼이 가지고 있다. 하지만, 틱톡의 라이브는 그 결이 조금 다르다. 인스타그램 라이브 방송은 팔로워 기반, 유튜브는 구독자 기반의 방송으로 폐쇄적이지만, 틱톡은 전 세계를 대상으로 불특정 다수에게 송출되는 형태이다. 바꿔 말하자면, 틱톡은 좀 더 다양한 사람들에게 노출되는 특성이 있어, 라이브 방송에서도 전 세계인들을 쉽게 만날 수 있다. 내가 호스트는 아니고 참여했던 라이브 방송에서 호스트와 라이브 방송 시청자들의 대화를 지켜봤다. 방송이 아니고 대화라고 표현한 이유는 소통 방식이 일방적인 전달 형태가 아니었기 때문이다. 표현 그대로 댓글을 읽어가며 대답하고, 질문하는 등의 소통을 이어갔다. 그리고 그 대화 중에 시청자들은 다이아몬드와 장미를 호스트에게 선물했다. 그렇다. 틱톡 역시 라이브 방송 때 시청자들이 아프리카티비의 별풍선, 유튜브의 슈퍼챗과 같은 선물인 다이아몬드와 장미를 전달할 수 있다. 이후 다이아몬드, 장미는 달러로 환산된다.

이 라이브 기능이 모두에게 오픈된 것은 아니다. 틱톡은 'A, B 테스트'라고 해서 크리에이터마다 기능이 조금 다르게 열리는 경우가 있다. 이전엔 1,000명 이상이 되어야 라이브 기능이 열렸는데, 300명으로 하향되는 때도 있고, 팔로워 수

100명에게도 라이브 기능이 열리는 경우가 있으니, 다른 플랫폼 대비 허들이 낮다고 할 수 있겠다.

틱톡 라이브가 얼마나 다양한 형태로 이루어지고 있는지는 상상을 초월한다. 실제로 내가 경험해본 것만 따져도 이는 충분히 설명할 수 있다. 예상대로 목적에 걸맞게 서로 대화하는 라이브 방송이 제일 많다. 하지만 어떤 이는 방송을 켜놓고 본인의 화를 표출한다. 댓글을 보며 소통하는 것이 아니라 댓글 달아놓은 이와 싸운다. 이런 건 내가 스쳐 지나가는 것만으로도 피곤해서 보지 않지만, 그녀는 틱톡의 알고리즘을 타고 종종 내게 비친다. 그때마다 화가 가득한 것을 보면 그녀의 콘셉트가 그런가 보다.

그리고 이름을 써주는 라이브 방송도 많다. 예쁜 펜으로 혹은 디지털로, 그 형태도 다양하다. 지인 라이브 방송에서 많은 경쟁을 뚫고 내 이름이 종이에 쓰였다. 별로 기대하지 않았는데, 기분이 좋았다. 라디오 청취자들이 엽서 보내고 사연에 당첨되면 이와 비슷한 기분일 것 같았다. 그 외에도 얼굴 노출 없이 그림 그리기, 노래하기, 운동하기, 듀엣으로 영어 공부하기, 달걀껍데기 까기, 수박밭에서 수박을 수확하면서 소통하다가 참여자들에게 할인 이벤트를 하는 라이브도 있었다. 또한 호스트가 참여자를 초대해서 배틀을 하기도 하고, 여러 명이 함께 방송하기도 한다. 이처럼 라이브 콘텐츠도 형태도 각양각색이다.

시리즈 기능

다음은 시리즈 기능이다. 2023년 시작된 새로운 형태로, 크리에이터가 수익화할 수 있는 기능이다. 쉽게 말하자면 본인의 콘텐츠, 창작물을 시리즈로 올려서 판매할 수 있는 기능이다. 4주 운동프로그램, 각종 프로그램 튜토리얼 등 다양한 내용의 콘텐츠가 올라와 있다. 국내외 계정들을 살펴보니, 판매 가격이 0.99달러도 있고, 몇만 원짜리도 있다. 얼핏 봤을 때, 콘텐츠의 질에 따라 차이가 있겠지만, 유튜브 콘텐츠와의 차별점은 잘 모르겠다. 참고로 팔로워가 1만 명 이상이 되어야 열린다.

나도 아직 다 알지 못하지만, 이외에도 팔로워 수에 따라 생기는 수익화 기능이 더 있다. 종종 틱톡에서는 유저들에게 설문을 요청한다. 설문 결과가 명시되는지 모르겠지만, 틱톡은 다양한 형태로 크리에이터들의 활동을 지원하고 있다.

필터 편집

다음은 틱톡이지만, 조금 다른 분야이다. 2023년 10월, 틱

틱톡 Rose2 필터
지금 이 순간에도
세계인이 내가 만든
필터를 사용하고 있다

톡의 꽃이라고 할 수 있는 필터, 편집 효과 크리에이터들에게 수익화의 기회가 열렸다. 이것은 과거에 일부 국가에 국한된 것이었고, 대한민국은 그 국가에 속해 있지 않았었다. 하지만 그 기회가 한국 크리에이터들에게 열렸다. 나도 2023년에 편집효과 크리에이터에 도전해서 '플래티넘' 배지를 획득했고, 틱톡 2023년 이펙트 하우스 코리아 어워드Effect House Korea Awards에서 탑 7 크리에이터에 올랐다. 아직 조건을 충적하지는 못했지만, 이전에 다른 국가에서는 영상 1개에 700달러 +a 이상의 리워드를 받은 경우도 있다고 하니, 기대를 걸어볼 만하다.

이렇듯 겉에서 볼 때는 알 수가 없지만, 한 발짝 들어와 관심을 두게 되면 기회를 가질 수 있다. 틱톡을 MZ세대의 전유물로만 생각할 것이 아니라, 나의 콘텐츠로 퍼스널 브랜딩과 수익화라는 두 마리 토끼를 잡을 수 있으니, 활용법에 대해 고민해볼 만하다. 여기까지는 내가 경험하고 느껴봤던 수준에서의 소개이고, 틱톡을 하면서 발견했던 흥미로운 사례를 더 나누고 싶다. 두 가지 모두가 한국의 사례가 아니라는 점이 다소 아쉽긴 하다.

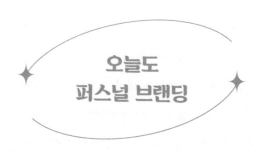

오늘도
퍼스널 브랜딩

"11년간 단 한 권도 팔리지 않았다."

작가가 한 권의 책을 탄생시키기까지 얼마나 많은 수고를 하는데 11년간 단 한 권도 팔리지 않았다니. 그 책은 작가가 14년간 집필했던 책이다. 그랬던 책이 11년간 단 한 권도 팔리지 않았다면 그 실망감이 어떠할지 추측조차 불가하다. 하지만 그녀의 딸이 관련 이야기를 16초짜리 영상으로 틱톡에 업로드했다. 이 영상은 4,000만 조회수를 넘어서면서 책의 판매에 영향을 끼쳤고, 그 책은 실제로 베스트셀러가 되었다.

#북톡

1,780억(177.9B) 회. 2023년 9월 15일 자 #booktok의 누

적 해시태그 조회수이다. 두 달 전쯤보다 200만 뷰가 높은 수치이다. #booktok, 북톡이 무엇인가? 틱톡 내에서 책, 독서에 관련된 콘텐츠를 공유, 소개하는 해시태그이다. 독서를 즐기는 사람들이 책 리뷰, 책 추천, 독서 일기, 책 컬렉션 소개 등을 하는, 트렌드를 대변하는 해시태그라 할 수 있다. 자신이 읽은 책의 감상을 나누고, 책을 추천하기도 하고, 더 나아가 독서 커뮤니티를 확장하게 된 결과를 만들어냈다. 이는 책 판매에 긍정적인 영향을 미치게 되었고, 미국에서는 틱톡이 아마존보다 책을 더 잘 판다고 한다.

#Booktok의 유행으로 14년간 집필해서 세상에 나왔지만 11년간 그 누구도 존재 자체를 몰랐던 책이 단숨에 베스트셀러가 되었다. 당사자는 물론 모두가 믿기 힘든 이야기다. 하지만 이런 일이 일어나는 곳이 SNS이다. 틱톡은 MZ세대의 전유물, 춤추고 정신없는 SNS, 나와 먼 세상이 아니라는 것이다. 그것은 단지 선입견일 뿐이며, 그 안은 아주 다르고, 그 시장을 누가 선점해서 현명하게 이용해가느냐에 따라 앞으로의 승자가 바뀔 수도 있다.

교보문고에서도 한국 최초로 틱톡과 컬래버레이션으로 #북톡 해시태그 챌린지를 진행했다. 무려 1등에게 100만 원의 상금을 주는 큰 챌린지였다. 틱톡의 의외성, 그리고 미국의 #booktok 트렌드를 비추어 볼 때, 앞으로 한국에서 #booktok이 성장하고 다양한 영향력을 발휘할 미래를 기대해볼 만하다.

틱톡 마케팅

"천재적인 틱톡 마케팅으로 1년 8개월 만에 순수익 60억 청년."

자극적인 제목에 끌렸다. 당장 클릭할 수밖에 없었던 그 영상, 이내 올리버 브리카토라는 스토리에 푹 빠져들었다. 그는 틱톡에서 사업의 아이디어를 얻어 각고의 노력으로 제품을 만들었고, 다시 틱톡으로 돌아와 바이럴 마케팅viral marketing을 했다. 그가 말하는 틱톡은 팔로워 수에 상관없이 바이럴에 공평했다. 바꾸어 말하면, 500명의 팔로워가 있는 크리에이터와 50만 명의 팔로워가 있는 크리에이터의 차이가 없으므로, 콘텐츠에 기반해 바이럴 마케팅을 할 수 있다는 뜻이다. 적은 팔로워를 가진 계정도 좋은 콘텐츠를 만들면 바이럴, 즉 널리 빠르게 전파될 수 있다는 본질에 관한 이야기였다. 그는 스스로가 경험한 틱톡의 알고리즘과 이해도를 바탕으로 본인의 사업에 이를 활용한 것이다.

팔로워가 많은 인플루언서가 아닌, 팔로워가 적은 인플루언서들과 협업해서 매일 1개의 영상을 올리게 했고, 그중에 일명 터지는, 즉 바이럴되는 영상이 나오면, 해당 영상들을 모든 크리에이터에게 보여줘서 똑같이 제작하게 했다. 틱톡에서 바이럴되는 영상들을 좇아 비슷하게 찍으면, 높은 확률로 또 조회수가 터진다. 그리고 바이럴된 영상들의 댓글에 응답하는 다음 영상을 제작하는데, 거기서 모든 정보를 주고 구매 전환율을 높이는 방식이었다.

3,000만 조회수가 나온 영상에서 하루에 4만 달러의 매출을 일으켰고, 이런 방식으로 계속 영상을 재생산해가며 결과를 만들어냈다. 그의 방식은 내가 들었던 강의에서 배웠던 것의 기본 틀에서 벗어나는 것이 없었다. 하지만 왜 그는 성공하고, 나를 포함한 다수는 그렇지 못하는가? 그는 이렇게 당부했다. 많이 경험하고 배워야 한다고. 지름길은 없다. 많은 작은 경험을 해야 한다. 그리고 그 작은 경험에서 얻은 많은 교훈이 결국 그가 20대에 수십억대 자산가가 된 비결이었다.

올리버 브리카토의
성공 스토리 QR코드

지름길은
없다

"There is no shortcut. You need to fail."

그렇다. 성공의 기본은 꾸준히 정석을 실행하는 것이다. 나는 회사 밖 세상으로 나와서 생소한 퍼스널 브랜딩을 시작하면서, SNS라는 허들에 막혔다. 퍼스널 브랜딩이 낯설다 못해 불편하고 어렵게만 느껴 '굳이 내가 이것을 해야 하나?'라는 본질의 문제로 돌아간 적이 한두 번이 아니었다. 본질은 내가 내 삶의 주체로 살아가는 것이다. 그리고 그 모습의 하나로 나타내려고 하는 것이 퍼스널 브랜딩일 뿐이다. 몇 발짝 더 걸어온 지금, 과거의 나, 용기와 자신감이 한없이 부족했던 내게 해주고 싶은 이야기가 있다. 세상의 모든 경험을 두려움이나 주저함 없이 해보라고.

두려움은 일종의 허상이다. 내가 알지 못해서, 경험하지 못해서 생기는 두려움이 더 크다는 것이다. '그럴 것이다'라는 막연한 추측에서 오는 두려움은 정면으로 맞설 때 극복할 수 있다. 도전과 시도의 결과가 실망스러울 수도 있다. 두려움과 상황을 분리해서 생각해보자. 두려움을 떨치고 일단 시도하면 무엇을 개선해야 하는지 구체적으로 드러난다. 그때, 타파해

나갈 방법을 모색할 수 있다. 하지만 실체도 없는 '두려움' 앞에서 망설이기만 한다면, 해결 방법은 없다. 운 좋게 두려움이 잠시 잊힐 수는 있지만, 해결된 두려움이 아니기에 다시 나타난다.

지금 내가 그러하다. 나는 여전히 SNS에 대한 두려움에서 완전히 자유로워졌다고는 말하지 못한다. 예전에는 막연히 피하기만 했던 대상이었다면, 지금은 그렇지 않다. MZ세대가 사용하는 것처럼, 혹은 대형 인플루언서들이 활용하는 것만큼 SNS가 내 삶에 차지하는 비중이 아직 크지는 않다. 하지만 이제는 적어도 SNS가 필요한 이유는 알겠다. 물론, 방법론에 대한 고민과 걱정은 여전히 있다. SNS를 현명하게 내 방식대로, 내 삶을 위한 도구로 활용할 방법에 대한 고민이다. 하지만 두려워 회피하고 싶은 대상은 더 이상 아니다.

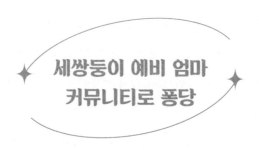

세쌍둥이 예비 엄마 커뮤니티로 퐁당

회사라는 외투를 벗자 곧바로 낯선 감정에 맞닥뜨려야 했다. 소속감의 부재에서 비롯된 감정이었다. 소속감은 안정감이기도 하지만, 틀 속에 갇혀 답답함을 주기도 했다. 답답함이라는 불편한 감정도 별다른 저항 없이 받아들였다. 소속이 없어진 후 해방감을 맛볼 줄 알았다. 이 감정을 과연 어떻게 표현해야 할까? 하루아침에 말 한마디 통하지 않는 낯선 세상 한복판에 홀로 서 있었다. 외로움이라 표현하기에 부족하다. 외로움 더하기 두려움, 더하기 허전함. 뭐라고 표현해야 하지? 한 줄로 표현하기엔 어렵다.

정기적으로 가야 하는 곳도, 만나는 이도 없어졌다. 회사에서 정신없이 일하다가 자연스럽게 걸어가서, 혹은 의자에

앉은 채로 몸 돌려서, 쉽게 말할 수 있는 상대가 없어졌다. 어디를 가는 것도, 누구를 만나는 것도 철저한 계획과 약속으로 이루어졌다. 내가 속한 곳은 가족뿐이었다. 신랑과 대화 주제의 대부분은 녀석들이다. 하지만, 요즘은 녀석들 이야기 외에도, 내 삶을 빌드업해가고 있는 소소하지만 다양한 것을 주제로 나눈다. 가족 외에 특정 소속이 없는 나. 회사를 관두고 나면 한가로워질 줄 알았다. 하지만 빈틈이 없다. 또한 가정에서 육아로 바쁘고 정신없다고 해서 소속감이 충만하게 느껴지는 것도 아니었다.

평생을 소속의 테두리 안에 있었던 터라, 자연스럽게 다른 소속감을 찾기 시작했다. 또 다른 회사 소속을 말하는 것은 아니었다. 그때 보이기 시작한 것이 커뮤니티였다. 내가 또 다른 형태의 소속감을 느낄 수 있는 곳, 바로 커뮤니티였다.

예비 세쌍둥이
엄마들이 모이다

회사 일에 집중하다 보니, 인간관계는 급격히 좁아졌다. 모임에 참여할 시간이 없었다. 소소하게 크고 작은 모임도 참여하지 못할 때가 많아졌다. 29세 결혼, 40세 출산. 결혼은 다소 빠른 편, 하지만 출산은 한참 뒤였다. 결혼 출산 양육 등 연이은 과정을 거쳐가는 친구들과 라이프 타임라인이 어긋났다. 가끔 만나는 친구들의 육아 토크엔 고개를 끄덕이며 공감하려고 했지만, '진짜 경험'이 없던 내가 이해하기 힘든 구석이 있었다.

만남은 자연스럽게 줄어들게 되었다. 처음에는 시간이 없어서 활동하지 못했다. 늘 아쉬웠다. 언제부턴가 애써서 아쉬움을 감추었고, 괜찮다고 생각했다. 그러다 보니 자연스럽게 마음도 사라져갔다. 아니 사라졌다기보다 애써 감추었고, 굳이 들추지 않았다. 그리고 그렇게 적응해갔다. 내가 의도한 것은 아니지만, 언제 만나도 좋은 어린 시절 절친들 몇 그룹을 제외하곤 인간관계가 단순해졌다.

임신 기간 때는 다행히도 회사에 동갑내기 동료가 있었다. 그녀는 나보다 몇 달 앞서 쌍둥이를 임신했고, 초산도 아니었다. 회사 옆자리, 옆 동네 사는 진짜 짝꿍이다. 카풀로 퇴근하면서 고단했던 하루를 나누었다. 주로는 회사 일이었지만, 임신을 포함해서 같은 결의 고민이 많았었기에, 그때가 하루의 묵은 때를 벗어내는 유일한 시간이었다. 짝꿍은 먼저 출산휴가를 갔고, 이후 나의 임신, 출산 궁금증은 임신, 출산 적

령기였던 어린 팀원들과 나누었다. 일생일대의 제일 중요하고 최상 난이도였던 나의 임신기간은 그렇게 흘러갔다.

고위험 산모였던 나는 임신 22주 차에 육아휴직에 들어갔다. 22주 차였지만, 세쌍둥이는 무럭무럭 자라서 내 배는 이미 만삭의 모습이었다. 집에만 있으니, 이제 물어볼 곳이 없었다. 걱정되는 마음에 책도 몇 권 샀다. 그때까지만 해도 나는 인터넷 검색형 인간이 아니었다. 하지만 넘쳐나는 시간, 책으로는 부족하다는 생각이 들어 출산, 세쌍둥이 등의 키워드로 검색을 해보았다. 유명한 맘 카페와 지역 기반의 맘 카페에 가입했다. 수많은 게시물을 읽어봤다. 링크를 타고 가다 보니 쌍둥이 맘 카페에 가입했다. 쌍둥이 맘 카페에서 눈에 띄는 게시물 하나를 발견했다. 대박! 닉네임 '예비세쌍둥이 서울' 님의 글이었다. "세쌍둥이 카톡방"이라는 제목의 게시물이었다.

내용은 "세쌍둥이 맘들 카톡 단체방이 있다던데 아시는 분 계실까요…?^^"단 두 줄의 질문이었다. 와! 세쌍둥이라는 그 단어 하나만으로도 갑자기 분주해졌다. 나도 가보고 싶었기에 어떤 답이 달렸을지 궁금해졌다. 급해진 마음으로 손가락을 재빠르게 움직여서 댓글을 읽기 시작했다. "초대해드릴게요. 쪽지로 아이디 주세요~"라는 첫 댓글, 그리고 그 아래로 초대를 원하는 몇몇 댓글이 이어져 있었다. 나도 재빠르게 답

글을 달았다. 답글을 달고 나서, 다시 게시물로 돌아가서 차분히 두 줄짜리 글을 간절히 읽어봤다. 이제야 게시물의 작성 날짜가 보였다. 한 달 전쯤의 게시물이었다. '한 달 전? 답이 오지 않으면 어쩌지?' 하는 불안감에 사로잡혀 며칠을 보냈다. 하지만 다행히 머지않아 난 단톡방에 초대되어서 무사히 입장했다. 나의 첫 커뮤니티였다.

다행이다. 세쌍둥이는 대한, 민국, 만세 말고는 아는 이가 없었다. 하지만 그곳에는 예비 세쌍둥이 엄마들이 가득했다. 전국, 세상에 하나도 둘도 아닌 셋씩이나 품고 있는 동지가 이렇게나 많다니, 안심되었다. 모르는 사람과 대화를 나누는 카톡방에 들어가 본 적이 없었기에 처음엔 무엇을 해야 할지 전혀 몰랐다. 그야말로 생판 모르는 남이다. 우선 인사만 간단하게 나누고 지켜봤다. 수많은 사람이 나누어지는 대화에 쉽게 끼어들 수가 없었다. 사람도 많았지만, 주제도 다양했다. 세쌍둥이의 임신은 늘 위험한 순간들을 배제할 수 없다. 우리 모두 기본적으로 고위험 산모 타이틀을 갖고 있었다. 그 덕에 일어나지 않으면 더 좋았을, 우리가 이벤트라고 칭했던 그날그날의 크고 작은 돌발 케이스가 많았다. 구성원의 대부분이 난임에서 세쌍둥이를 임신했고, 각각이 지닌 사연이 다양했다.

매일 12시가 되면, 어제 하루 무사히 잘 지낸 서로를 격려하기에 바빴다. 내가 카톡방에 들어오기 전에, 아이를 잃거나, 조산이 있었다고 했다. 그러다 보니 우리에게 하루를 무사하게 지낸다는 것이 얼마나 기쁘고 감사한 일인지 모른다. 그렇게 격려와 응원으로 새날을 맞이한 카톡방은 24시간 활발했다. 난 그때 처음 알았다. 카카오톡 안 읽은 메시지 표시의 최대치는 999, 단체 톡방에 입장하자마자 쉴 새 없이 울려대는 메시지 알람 소리에 깜짝 놀랐었다.

대체 무슨 할 말이 그렇게 많았을까? 그도 그럴 것이 임신 주수가 찰수록 잠을 자는 날이 거의 없었다. 어떻게 해도 불편했다. 앉아도, 서도, 왼쪽으로 누워도, 오른쪽으로 누워도 그리고 똑바로 누워도. 24시간 중에 운 좋게 컨디션이 좋아서 한두 시간 안 깨고 자면 다행이었다. 그렇기에 눈을 뜨고 있는 이들은 시도 때도 없이 대화를 나누었다. 대화가 너무 많아서 앞의 대화 내용을 살펴보는 일명 '벽 타기'도 할 수 없다. 흐름을 보며 대화를 이어갔다. '온라인에서 만난 사람들이 이렇게 친해질 수 있을까?' 하는 의심이 들 정도로 깊은 이야기를 나누며 밤을 보내기도 했다.

나는 운이 좋았다고 해야 할까? 카톡방에 참여한 지 얼마 되지 않아 비자발적 오프라인 모임에 참여하게 되었다. 장소는 서울대학교 병원 1인실이었다. 그 전날 녀석들의 정밀 초음파가 있었다. 세쌍둥이의 정밀 초음파는 시간이 서너 시간 걸려서 외래진료가 다 끝난 후 초저녁에 진행되었다. 정밀 초음파를 시작하고 시간이 좀 흘렀다. 그리고 자궁경부가 많이 열렸다는 소식을 들었다. 조산 위험이 있어서, 퇴근하신 교수 님께 연락을 드릴 예정이고, 오늘 저녁에 응급 수술을 진행해 야 한다고 했다. 놀랐고, 당황스러웠다. 하지만 그동안 이런 상황이 생길 수 있다는 것을 외래진료 때 익히 들어왔었기에, 이내 평정심을 찾았다. 밤늦게 수술이 진행되었고, 1인실에서 입원 첫날을 보냈다.

수술 다음 날, 응급 수술이었고 입원 기간도 길지 않을 것 이라 부모님도 오시지 않기로 했는데, 병실로 누군가 찾아왔 다. 처음 본 이었다. 휠체어 타고 환자복을 입고 온 세쌍둥이 예비맘이었다. 전혀 예상치 못한 만남이어서 처음엔 놀랐지 만, 걱정되어 찾아와 준 그녀가 반갑고 고마웠다. 그 이후에도 우리의 비자발적 오프라인 모임은 그렇게 병원에서 이루어졌 다. 장소의 특성상 만남의 순간이 평범하지는 않았다. 느릿느 릿 거북이걸음은 당연했고, 휠체어를 타고 있거나, 손에 링거 를 꽂고 있기도 했고, 심지어 병실에 누워 있었다. 외래 진료 일에 작정하고 약속해도 만남이 쉽지 않았다.

고위험 산모들이 대부분이라 진료와 초음파는 예약 시간

에 이루어지기 쉽지 않았다. 외래는 1층이지만, 세쌍둥이 초음파는 3층 분만실에서 진행되어서 길이 엇갈리기 쉬웠다. 하지만 짧게라도 만날 수만 있다면 모두 사력을 다했다. 사력을 다했다고 표현한 이유는, 우리가 모두 임신 주차 수가 뒤로 갈수록 '걷기'조차 힘들어졌기에 걷기가 매일 하는 도전 종목이 되었던 탓이다. 때론 휠체어를 타고 있어서, 이동이 자유롭지 않았다. 짧게 스쳐 가는 시간이었지만 동지를 만난 기쁨에 짧아도 너무 즐겁고 힘이 났다. 그 짧은 시간에 서로가 나누는 교감과 에너지는 대단했다.

카톡방에서 24시간 내내 응급상황이 벌어지고 극복한 이야기를 포함해 별별 순간들을 함께 공유하다 보니 우리에겐 전우애 같은 것이 생겼다. 한 달 전까지만 해도 서로의 존재도 몰랐던 우리였지만, 어느새 서로의 든든한 동지가 되어갔다. 두렵고, 불편하고, 걱정되는 마음을 가지고 모인 커뮤니티라서, 서로서로 걱정하고 돌봐주는 마음이 컸다. 그렇기에 병원에서 처음 만나도 전혀 어색함이 없는 사이가 되었다.

나는 첫 커뮤니티에서 예비 세쌍둥이 엄마, 그녀들을 만나면서, 온라인에서의 만남도 마음이 통할 만큼 끈끈할 수 있음을 느꼈다. 출산 후 우린 예비 세쌍둥이 맘 카톡방에서 나와서 비슷한 시기에 출산한 28명이 모여 세쌍둥이 출산 방을 만들어 소통을 이어가고 있다. 가끔 상황이 맞는 이들끼리 만나기도 한다. 전국에 흩어져 살아서 자주 만날 수 없기도 하지만, 네 가족만 만나도 최소 20명이라 만남의 장소를 정하는 것도 녹록지 않다. 나의 첫 커뮤니티는 실제로 자주 만나지 못해도, 벌써 7년째 함께하는 진짜 커뮤니티다.

나의
커뮤니티를 열다

휴직 후 소속감 부재로 낯선 세상에서 갈피를 못 잡던 때, 조금 다른 유형의 거대한 온라인 커뮤니티가 있다는 사실을 알게 되었다. 마치 비밀리에 움직이는 거대한 조직 같았다. '비밀리'라고 표현한 이유는 이미 속해 있는 사람에겐 특별한 것이 없지만, 그렇지 않으면 절대 알 수 없는 세계이기 때문이다. 지금도 이 세계는 과거의 나, 회사원 A씨 같은 사람은 아예 상상조차 못 하는 곳이다. 그 세계를 여전히 모르는 사람은 무수히 존재하고 있다.

그 세계의 주된 소통 창구는 바로 카카오톡의 오픈 카톡방이었다. 전에는 오픈 카톡방은 사용할 일이 없었기에 단체 카톡방과 차이점도 알지 못했다. 처음 접한 오픈 카톡방의 세계는 단체카톡방의 그것과 비교할 때 익숙한 듯 아주 달랐다.

그랬던 내가 지금 운영하는 오픈 카톡방이 4개가 되었다. 오픈 카톡방 참여자로서의 경험치도 부족했던 내게, 콘텐츠 기획자가 커뮤니티 운영 프로젝트를 제안했다. 책은 종이 위에 구현한 콘텐츠다. 가시화·실체화된 나의 콘텐츠를 중심으로 커뮤니티를 만들어 키워가면서, 책이 나온 즉시 커뮤니티를 중심으로 확산할 수 있도록 준비하는 작업이 필요하다고 보았다. 이는 작가로, 나의 책을 알리는 데 필수적인 프로젝트였다. 그렇다면, 내가 구성원으로 속해 있는 커뮤니티에서 알릴 수는 없는 것일까? 콘텐츠 기획자는 누군가의 주변을 떠도는 위성으로 존재해서는 의미 있는 성장은 절대 불가하다는 말을 덧붙였다. 두렵고 걱정스러웠지만, 어쨌건 내가 커뮤니티 운영의 주체가 되어야 했다. 그렇게 또 하나가 시작되었다.

커뮤니티 운영 프로젝트는 어려웠다. 하지만 커뮤니티는 네트워킹의 기본이자 시작, 꼭 필요한 것이었다. 난 걱정으로 의미 없는 시간을 보내는 대신, 커뮤니티 운영의 필수라고 할 수 있는 카카오톡 오픈 카톡방과 네이버 카페 운영을 통해 나의 커뮤니티를 빌드업해가기로 했다. 그리고 곧장 프로젝트를 시작했다. 프로젝트를 시작해 오픈 카톡방, 카페 개설까지는 무리가 없었다. 하지만, 그다음 단계가 쉽게 그려지지 않았고, 가끔 혼란과 불안에 휩싸였다. 그때 느꼈던 감정의 실체를 파악해봤다. 오픈 카톡방, 카페를 개설하는 것은 단순히 소통 창구를 하나 여는 차원의 문제가 아닌, 커뮤니티 지도자가 되겠다는 선포였기에 혼란과 불안의 감정이 커졌다. 오픈 카톡방의 존재도 몰랐던 내가 대뜸 리더부터? 그렇다. 리더로서의 역할, 꾸려가야 할 방향에 대한 진지한 고민과 실행계획이 필요했다. 철저한 계획과 꾸준한 실행으로 작은 성공, 성취, 성장을 쌓아야겠다고 생각했다. 지금 믿을 것은 나 자신뿐이다. 작은 성공의 기쁨은 스스로에게 할 수 있는 사람이라는 자신감을 쌓아줄 것이라 기대했다. 그렇게 또다시 나를 믿어보기로 했다. 그리고 그때부터 스스로에게 페르소나를 입히고 하나씩 빌드업하기 시작했다.

두 번째 삶을 위한
커뮤니티

덜컥 커뮤니티를 만들었다. 동시에 나와 그들의 두 번째 즐거운 삶을 위해서 커뮤니티에서 무엇을 할 것인가? 알릴 것, 함께 할 것들을 찾아보기 시작했다. 책이라는 콘텐츠가 나오기까지 키워가는 무엇인가가 필요했다. 회사 밖 세상 왕초보인 내가 커뮤니티에서 알릴 것이 없었다. 새로운 것을 빠르게 습득해 알리는 방법을 택하고, 그리고 체력, 모든 일의 근간이 되는 체력을 지키는 일을 함께하기로 했다.

여태껏 나의 지식 전달은 회사 내에서 행하는 교육이었기에 대상과 전달할 내용이 명확했다. 하지만, 이제는 대상도 고려해야 했고, 무엇을 해야 할지부터 정해야 했다. 재미? 정보 전달? 그즈음 내가 몰입하고 있었던 것이 몇 가지가 있었는데, 바로 틱톡 필터 크리에이터와 캔바를 활용하는 크리에이터였다. 이것들을 기반으로 삼아 커뮤니티에서 프로젝트를 기획했다.

틱톡 필터 만들기 프로젝트

틱톡 필터 크리에이터는 틱톡에서 숏폼을 찍을 때 활용하는 편집 효과를 제작하는 사람이다. 틱톡 필터 크리에이터의 매력은 여러 가지가 있겠지만, 신기함과 재미였다. 여태껏 의류 무역회사에서 제품을 생산하는 일을 했던 나는 오랜만에 생산자 모드가 되었다. 나는 편집 효과 크리에이터로 틱톡에서 쓰이는 다양한 필터를 만들었다.

이펙트하우스라는 프로그램을 통해 만든 편집 효과를 제

출하고, 틱톡으로부터 승인되면 필터가 게시되고, 이후 알고리즘을 통해 추천받게 된다. 필터의 추천 또한 알고리즘에 의한 것이라서, 어떤 필터가 어떻게 노출되는지에 대한 룰은 정확히 알지 못했다. 하지만 편집 효과가 게시된 후에 내 필터를 사용한 숏폼 크리에이터들의 콘텐츠를 확인할 수 있고, 조회수, 편집 효과 사용 수 등의 데이터를 확인하는 일도 가능했다.

내가 만든 필터를 전 세계인이 사용하고 있었다. 외국에서 좋은 반응을 보인 필터가 생기면서 그와 동시에 계정 성장이 시작되었다. 쉽게 말하자면 팔로워가 늘었다. 필터를 만들기 시작했을 때의 팔로워가 1,400명이었는데, 결과적으로 4~5개월이 지나자 1만 팔로워가 되었다. 한동안 멈춰 있던 계정이 편집 효과 크리에이터로 활동하면서 성장하기 시작했고, 그것이 짜릿할 정도로 재밌었다.

혼자만 경험하기엔 아까워서 나누고 싶었다. 틱톡 필터 만들기 프로젝트를 첫 번째 무료 강의로 열었다. 필터 만들기를 알리고, 함께 2주간 해보는 것이었다. 그 기간 동안 나의 팔로워는 1,670명이 증가했고, 필터 조회수는 1억 2,900만 조회수가 늘었다. 2주치고는 괜찮은 성과였다. 2주에 300명 늘어난 소식을 전해주신 분 외에는 명확한 데이터를 수집하지 못했다.

틱톡 필터 크리에이터는 마니아층은 분명히 있었지만, 대중적으로 자리를 잡기엔 아직 조금 부족하다는 생각이 들었다. 한 번으로 성급한 결과를 바랐던 것은 아니다. 하지만 다음에는 더 많은 사람에게 도움, 즐거움을 줄 수 있는 조금 더 대중적인 주제를 찾아야겠다는 깊은 고민에 빠졌다.

캔바 프로젝트

2주 차부터는 캔바로 바꾸었다. 민간 자격증을 취득하면서 캔바의 매력에 한층 더 빠졌다. 나뿐 아니라 함께했던 동기들의 생생한 증언을 기반으로, 캔바를 배우며 맛봤던 매력과 재미를 같이 나누고 싶었다. 커뮤니티와 외부 플랫폼에서 지식을 알리는 몇 가지 프로젝트를 시작했다. 그렇게 매주 캔바를 알렸고, 다른 리더가 캡컷을 알렸다. 그렇게 매주 1회씩 3개월 넘게 진행했다. 동시에 외부에 알리는 활동을 늘려갔다. 커뮤니티원으로 속한 다른 두 곳에서 각각 월 3회 틱톡, 캔바, 퍼스널 브랜딩을 주제로 총 6회 무료 강의를 진행했다. 그리고 2022년 미라클 모닝 열풍을 일으켰던 온라인 플랫폼에서도 강의를 론칭했다.

운동 프로젝트

추가로 운영 중인 커뮤니티에 운동 프로젝트를 더했다. 앞서 이야기했던 것처럼 세상 밖 1일 차 시작을 무너진 몸을 다시 세우는 것으로 했다. 몸과 마음은 결국 통한다는 본질을 함께 이어가고 싶기 때문이었다. 매월 21일간 아침 운동을 함께하는 시스템을 도입했다. 21일은 습관을 쌓는 최소의 기간이라고 했다. 솔직히 고백하자면 운동 프로젝트는 시작이 다소 이기적이었다. 시작은 나와 이 프로젝트의 리더 우리 둘을 위한 것이었다. 무슨 말인가? 우리는 복근 챌린지 동료로 함께 운동을 이어가고 있었다. 혼자 하기 어려워서 만나고 있었지만, 점점 더 운동의 빈도나 총시간이 줄어들고 있었다.

매일 만나지 않은 날이 없었지만, 그 시간에 수다의 비중이 커졌다. 친구와 함께 헬스장을 가게 되면 운동은 조금 하거나 안 하고 농땡이에 군것질까지 하게 되지 않는가? 그 검은 그림자가 어느새 우리에게도 드리워져 있었다. 이런 우리에게 방향을 조금 전환하고, 조금 더 긴장감을 주어 실행을 높여야 했다. 참여 범위를 커뮤니티로 확장했다.

운동은 식사만큼 필수라는 사실을 체득했다. 특히 젊어서 했던 운동의 총량을 고려하면 앞으로 운동은 생존을 위해 필수적이다. 그래서 놓지 않고 이어가려 노력하고 있지만, 어느덧 그 긴장감이 느슨해졌다. 운동 초기에는 매일 하면 나타나는 몸의 변화가 확실하다. 하지만 누구에게나 정체기가 온다. 그땐 운동해도 전혀 효과가 없다고 느낀다. 운동을 하면 살이 빠진다는 게 절대 공식은 아니지만, 기대 심리는 존재한다.

처음엔 살도 빠지고 군살도 정리되어 몸에 라인이 생겨 신나지만, 정체기가 오면 반대로 살이 찔 수도 있다. 호르몬 변화의 시기로 일시적인 현상일 수 있다. 힘들게 운동해도 살이 빠지기는커녕 벌크업이 되는 느낌이 들면서, 운동하는 본질을 잃고 즉각 중단하는 일도 생긴다. 하지만 이때부터 재앙은 시작된다. 정체기를 극복하지 못하고 자기 합리화로 운동을 중단하게 되면, 놀랍게도 그 티가 팍팍 난다. 단순히 '살이 쪘다', '빠졌다'만을 말하려는 것이 아니다. 운동을 멈추는 순간 다시 이전의 몸으로 돌아간다. 서서히도 아니고, 회복했던 속도의 2배속, 3배속의 느낌으로 돌아간다.

내가 어떻게 보통 사람이 되었던가? 다시 보통이 아닌 상태로 돌아가고 싶지 않았다. 눈뜨고 있다면 무조건 지킬 수 있도록, 자신을 위한 장치를 마련했다. 이런 말을 들으면 내가 철두철미, 의지가 대단히 강한 사람인 것처럼 느껴질지 모르지만, 운동하고 싶은 날보다 싫은 날이 훨씬 더 많다. 진짜 살려고 하는 것이다. 운동을 내가 죽지 않기 위한 필수 조건으로 정하자, 하고 싶고 하기 싫고는 크게 중요하지 않았다. 딴생각이 들 틈 없이 루틴대로 줌을 켜고, 움직임을 시작한다. 오전 5시 30분 미라클 모닝 미팅 시간을 마치고 6시 10분에 시작해 늦어도 7시 10분에는 마무리한다. 함께한 힘으로 나를 위해 시작한 운동 프로젝트는 성공적으로 진행 중이다.

몸처럼 정직한 것이 없다고 했다. 함께 꾸준히 참여해 몸의 기분 좋은 변화를 느끼는 분들이 당연히 생겼다. 운동의 권태기, '운태기'도 있다. 하지만 다행스러운 것은 인원이 늘어났기 때문에 모두가 동시에 퍼지는 운태기가 오는 일은 없었다. 그래서 꾸준히 유지되고 있다. 우리는 마치 플래시 몹 같았다. 줌이 켜지고 워밍업 운동으로 시작해서 몇 가지 본운동(유산소성 근력운동, 복근 운동은 매일, 추가로 스쿼트, 런지, 푸시업 중한 가지)과 마지막 쿨다운 운동이 끝남과 동시에 "오늘도 해낸나 자신을 위해 박수!"를 외치며 인사 후 바로 헤어진다. 가끔은 수다가 고팠지만 그러지 못했다. 모두가 운동이 끝남과 동시에 바쁜 아침 일상 속으로 돌아가 본격적인 하루를 시작하기 때문이다.

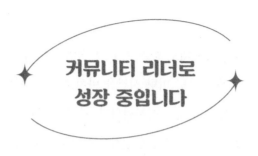

커뮤니티 리더로
성장 중입니다

두 달간 여러 방법으로 커뮤니티 확장을 위해 힘썼다. 커뮤니티 카톡방에 3개월 만에 68명이 모였다. "에이, 고작 그 정도냐"라고 말할 수 있겠다. 왜냐하면 요즘은 두 달 만에 오픈 카톡방 인원 최대치인 1,500명을 모았다는 성공 신화를 심심치 않게 들을 수 있기 때문이다. 불과 3개월 전까지만 해도 우리는 서로의 존재조차 모른 채 살아왔다. 이제는 커뮤니티의 우산 속에서 함께 응원하며 한 걸음씩 나가고 싶은 이들이 모였다. 내가 알릴 것이 있다면 더 적극적으로 알리고, 돕고 싶은 마음이 강해졌다. 그리고 그때 나는 그 대상이 많아지면 그 효과가 더 커져갈 것으로 판단했다. 커뮤니티 속에서 나의 역량을 최대한 끌어올려, 내가 책임지고 짊어지고 가야겠다고 다짐했다. 어깨가 무거워지는 것을 느꼈다. 이 무게감은 내려놓을 수 없는 것이다. 리더라면 가지고 가야 할 숙명이다.

처음엔, 발전된 커뮤니티로 가기 위해서는 번듯하게 무엇인가를 만들어놓고 초대해야 하는 줄 알았다. 커뮤니티의 후발 주자, 그것도 커뮤니티 참여자로서도 경험이 없었던 내가 번듯한 형태의 커뮤니티를 갖추고 커뮤니티원을 찾는다는 것은 애초에 불가능에 더 가까운 것이다. 불가능이 아니라면 헤아리기 힘든 긴 시간이 걸리는 성격의 프로젝트다. 하지만 생각의 방향을 틀었다. 완성된 커뮤니티를 세상에 내놓는 것이 아니라, 처음부터 함께 키워 성장시키는 그런 커뮤니티로. 하나보다는 여럿이 발휘하는 힘이 크다. 과정을 공유하고, 모두 함께 만들어가는 것이 얼마나 값진 것인지, 그리고 그렇게 만들어진 것은 더 단단하게 오랫동안 성장할 수 있다는 것을 믿고 가보기로 했다.

좌충우돌 커뮤니티 리더

온라인 세상, 오픈 카톡방을 기반으로 하는 커뮤니티에

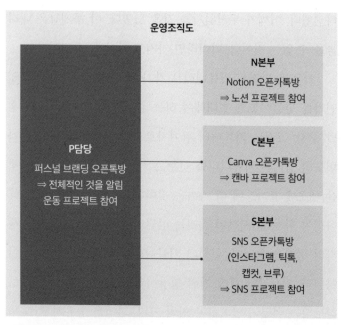

커뮤니티 운영 설계 회사에서 쓰던 개념을 사용했다

나만의 방식, 내게 익숙한 회사의 여러 개념을 가져와서 명명해보았다. 조직 체계, 프로젝트, 미팅, 리캡recap(요약) 등의 명칭이 바로 그것이다.

퍼스널 브랜딩 툴을 알리고 있다. 필수 툴로 노션, 캔바, SNS(틱톡, 캡컷)를 함께 공부한다. 퍼스널 브랜딩이라는 상위 조직 아래 노션, 캔바, SNS를 배치했다. 퍼스널 브랜딩을 배우고 싶은 누구나 참여 가능하되, 각자의 목적에 맞게 툴을 선택

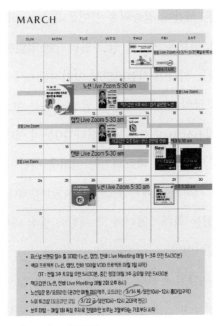

뉴미 프로젝트 미팅 일정

해 원하는 톡방에 참여하는 콘셉트다. 물론 모두 참여할 수도 있다.

그리고 각각의 톡방에서는 개별 프로젝트가 진행되고, 재능 나눔 무료 강의를 회사의 정기 미팅으로 명명했다. 각 프로젝트당 주 3회, 총 월 9회의 정기 미팅을 진행하며, 추가로 진행되는 것은 특별미팅으로 칭했다.

새벽 5시 30분, 자고로 미팅은 긴 것보다는 짧고 굵은 것이 좋다. 짧은 시간에 집중력을 끌어올리고자 30분씩 진행했는데, 실제로 30분은 기능을 담고 알리기엔 턱없이 부족한 시간이다. 끝나는 시간이 지연되면서 이어지는 6시 운동 프로젝트 시간이 조금씩 밀리는 상황이 발생해 운동 프로젝트 시간을 10분 늦춰 6시 10분으로 변경했다. 10분의 예비 시간이 있지만, 부족함의 갈증을 해소하기는 어려운 시간이다. 내가 첫 무료 강의를 기획했을 때가 최대 40분이었다. 40분이 줌을 무료로 쓸 수 있는 최대치였기에 그 제한에 맞춰 미팅을 진행하려고 정한 것이었다.

하지만 욕심이 과했다. 그 시간에 무조건 많은 것을 넣어, 이른 새벽, 잠을 반납하고 오신 분들께 하나라도 더 드려야 한다고 생각했다. 미친 속도로 말했지만, 어떤 날은 마지막 인사도 제대로 하지 못한 채 줌이 끊겨버렸다. 대단한 실례였다. 미팅에 참여하신 분에 대한 최소한의 예의는 반드시 지키고 싶었다. 내가 무료로 미팅을 진행한다고 해서 전달 내용을 줄이고 싶지는 않았다. 그 대신, 줌 유료 결제를 선택했다.

한동안 주 1회 1시간 미팅을 진행했지만, 정기 미팅으로 주 3회 포맷으로 정한 후, 30분의 틀에 담아 진행했다. 정해진 미팅 시간에 맞추는 것도 내가 준비하고 갖추어야 할 것이다. 처음이라 미숙한 부분이 생겼고, 성장통이라고 생각했다. 같은 실수나 불편함만은 최대한 하지 말자는 생각으로 매회 미팅을 진행했다.

구체적으로 부족한 부분에 대해서 커뮤니티원의 피드백이 중요하지만, 받을 기회가 많지 않았다. 여러 가지 이유였을 것 같다. 커뮤니티의 소속감 부재가 가장 클 것이고, 무료 강의이기에 굳이 그렇게까지 적극적인 호응을 보일 의무도 필요도 없다. 조금 더 적극적으로 요청하지 못했던 까닭도 있었다. 아무튼 초보 커뮤니티 리더는 아직은 그저 눈치껏 꾸려갈 수밖에 없다.

피드백을 왜 이리 갈급하는가? 내가 빨리 성장하겠다는 조급함보다는, 커뮤니티원의 니즈를 파악하지 못하는 눈치 없는 리더가 되고 있는 것은 아닌지에 대한 걱정, 일종의 불안감이 더 컸다. 나는 어느덧 커뮤니티에 대한 다양한 생각에 빠지는 날이 많았다. 이 느낌은 왠지 과거의 어느 시점과 닮았다는 생각이 들었다. 바로 팀장 초년 차의 느낌과 흡사했다.

팀장으로 승진했을 때, 기쁨보다는 불안과 걱정이 더 많았다. 그때 나의 보스, 우리 팀 팀장의 갑작스러운 해외 지사 발령으로 나도 갑작스럽게 팀장이 되었다. 하루아침에 보직이 변경되었다. 어제의 친한 동료에게 갑자기 리더가 되어야 한다는 그 중압감은 상상 초월이었다. 팀장이라는 직책을 맡게 되면서 내가 감당해야 할 것이 그렇게나 많아지는지 몰랐다.

그리고 일도 일이지만, 조직관리, 인력관리는 고난도였다. 초반부터 많은 문제에 봉착했고, 흘러가는 동안 문제 자체도 어려웠지만, 무엇보다도 내가 그 자리에서 중심을 잡고 팀을 끌어나갈 수 없을 것 같은 불안감에 자신감, 자존감이 바닥을 쳤다. 시간이 흘러가면서 보니, 내가 문제라고 생각했던 것은 문제가 아니라 과정이었다. 어쨌거나 초보 팀장은 문제를 마주칠 때마다 다방면으로 알아보면서 솔루션을 찾기 위해 고군분투했다.

솔직하게,
진심으로

팀장 초기 시절, 팀원들과의 관계 빌드업에 대한 고민을 나의 과거 팀장에게 털어놨다. 여러 가지 구체적인 조언도 있었지만, 아직도 한마디가 마음에 깊이 남아 있다. 바로 '진심으로 대하면 언젠가 통한다'는 기본진리였다. 그 진리를 마음에 새기자, 내 마음은 평정심을 찾아갔다. 평정심을 찾아가며, 한편으로 정신을 바짝 차렸다. 팀원이 나보다 나이가 많고 적음은 중요치 않다. 내가 리더라는 타이틀을 지닌 이상, 팀의 운영이 오롯이 내 책임하에 있다. 내가 책임져야 한다.

그리고 내가 준비되지 않았다고 해서 머뭇거릴 새가 없다. 인생은 서바이벌이다. 팀으로 한배에 타고 내가 리더가 된 이상 그 역할에 충실해야 했다. 흔들리거나 약해지거나 우왕좌왕하면 안 된다. 내가 그런 모습을 보이는 순간 팀원들이 느낄 불안감은 두 배, 세 배 이상일 것이다. 허세가 아니라 적어도 내 행동, 결정에 책임을 질 수 있을 정도의 자신감을 느끼기 위해 여러 방면에서 부단히 노력했다.

커뮤니티 리더가 팀장과 흡사하다. 아니 지금 내게는 훨씬 더 어렵게 느껴진다. 왜냐하면 내가 알고 있거나 예상된 루트를 모르기 때문이다. 갑작스러운 발령으로 팀장이 되었다. 하지만 회사원의 라이프 사이클은 진급, 직책 승진이라는 체계하에 이루어진다. 다시 말하자면, 예상 가능한 궤도에서 크게 벗어나지 않는다. 세월이 가고, 준비되면, 때가 되면 그곳에 자리하기에 적어도 방향과 길은 인지할 수 있다. 하지만 커뮤니티 리더는 완전히 다른 이야기다. 알지 못했던 세상, 나의 삶의 지도에는 전혀 없던 지점이다.

하지만 10여 년 전 초임 팀장 시절 때와 비슷한 감정을 느꼈다는 점에서 나는 힌트를 얻었다. 진심을 기반으로 솔직하

게, 실력을 갖추는 데 전념할 것. 정기 미팅에서는 미팅 본연의
목적에 충실했다. 나누고 싶고, 듣고 싶은 이야기가 많지만, 참
았다. 그 대신 많지는 않지만, 진심을 정확하게 전하고 싶을 땐
특별미팅과 편지를 썼다. 그리고 난 함께하는 이들에게 고백
했다. 누군가에게 우리 커뮤니티를 소개했을 때, 부끄럽지 않
은 커뮤니티로 성장할 수 있도록 노력하겠다고. 나는 부족한
것이 부끄럽다고 생각하지는 않기로 했다. 오히려 부족한 것
을 감추고 있는 체하며 나 자신과 커뮤니티원을 속이는 것이
부끄러운 것이라고 생각했다. 부족하더라도 솔직하게 내 방식
대로 고백하며 가기로 했다. 내 진심이 다 전해졌는지는 확신
할 수 없다. '진심은 통한다.' 나의 방향과 함께하는 이들은 언
젠가는 진심을 알게 될 것이기에 조급함을 버리기로 했다.

　커뮤니티는 생물이다. 열과 성을 다해 가꾸고 보살피고
있다. 본질을 지켜나가면, 모두가 함께하고 싶은 커뮤니티로
성장할 것이다. 아니, 틀림없이 된다. 왜냐하면 내가 그렇게
되도록 끊임없이 아끼고 사랑하고 가꾸고 돌볼 것이기 때문
이다. 그 덕분에 커뮤니티는 살아 숨쉬며 성장하고 있다.

6장
책 쓰기
프로젝트

우리는 모두 각자가 대서사 하나씩은 품고 있다.

살아온 세월이 얼마인가?

다시 돌아보고 살펴볼 새가 없어서 그렇지,

다들 기가 막히게 좋은 콘텐츠를 가지고 있다.

자신을 믿고, 한번 나가보자.

당신은 책을 쓸 자격이 충분하다.

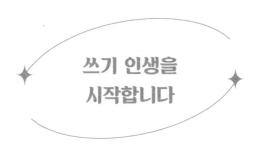

쓰기 인생을
시작합니다

육아휴직 후 나를 찾아 헤매던 그 시절, 어느 가을날을 기억한다. 소규모 절친 커뮤니티의 큰언니가 백일백장을 제안했다. 백일백장? 단어 자체도 내겐 생소한 조합이었다. 100일 동안 100장의 글을 블로그 등의 SNS에 쓰는 프로젝트라고 했다. 그러나 이미 난 대여섯 가지 크고 작은 100일 프로젝트를 실행 중이었고, 100일 동안 해야 할 것이 바로 글쓰기라는 점이 버거워 외면했다. 난 SNS에 글 쓰는 것 자체를 두려움으로 느꼈고, 그것을 머리로는 극복해야 한다고 생각했지만, 여전히 가능하면 피하고 싶었다. 100일 프로젝트도 쉬운 것만 하자는 콘셉트인데, 글쓰기는 쉽게 다가갈 항목이 아니었다. 난 20년간 글쓰기라곤 이메일이 전부였던 사람이지 않은가? 시

작하면 무조건 끝을 봐야 한다는 생각이었기에 시작부터 실
패가 보이는 게임을 굳이 하고 싶지 않았다.

OT 당일, 이미 어제로 신청 기한을 넘긴 상태였지만, 앞
서 신청한 다른 동료들 소식을 듣고 지원서를 제출했다. 급하
지만 정성을 다해 작성했다. OT 참여 줌 링크가 왔다. 합격
이다! 그렇게 얼떨결에 쓰기 인생을 시작했다. 바로 다음 날
Day1 사명서를 작성으로 100일간의 여정이 시작되었다. 첫
글의 제목은 '[100-1] 100일간 나를 위한 나를 알아가는 여
행의 시작, 나의 꿈은 무엇인가?'였다.

백일백장
글쓰기 시작

백일백장에서 용기를 내서 '나'를 알아보기로 했다. '나에
대해서 깊이 생각해본 적이 있는가?'라는 질문을 던지면, 100
중 99가 '10대 학생도 아닌 내게 그런 걸 왜 묻냐'는 표정이
다. 내가 그랬다. 백일백장을 시작하기 얼마 전 수강했던 디지
털 폰 드로잉 강좌에서의 일이다. 스마트폰으로 드로잉을 하
는 것은 처음이었다. 손가락도 아프고 어깨도 저리고 힘들었

다. 무엇보다 힘들었던 것은 그림의 주제였다. 바로 '나'! 나의 4계절을 그리고, 글까지 써야 했다. 으악. 주제는 바꿀 수 없다고 했다. 게다가 셀피를 잘 찍는 방법까지 알려주시며, 내 사진까지 찍으라고 했다. 헉. 셀피는커녕, 스마트폰에는 일 사진, 아이 사진뿐이었다. 셀피를 찍고 그 사진을 기반으로 폰 드로잉을 하고, SNS에 올릴 때 글까지 작성해야 했다.

모든 것이 처음이라 '하지 말까' 하는 생각도 들었지만, 내가 누구던가? 숙제는 칼같이 하는 사람 아닌가? 제출이라도 하자는 생각으로 하나씩 시작했다. 그때 처음으로 나를 깊게 들여다봤다. 20년 만이었다. 내 얼굴 사진도 찍고, 그리고 썼다. 그림 그리기보다 글 쓰기에 한참 더 시간이 걸렸다. 글을 쓰는 내내 불편했지만, 끝내고 나니 속이 후련했다.

이후 그날의 나에 대한 기억이 잔상으로 남아 있었고, 그 덕분에 100일간 써야 할 글의 주제는 자연스럽게 '나'로 정했다. 스스로가 나를 알아보겠다는 것이 꽤 불편했다. 왜 그런 감정이 드는지조차 몰랐지만, 마음 한편에는 지금이 아니면 그동안 잊고 지냈던, 잃어버린 '나'를 찾을 기회는 다시 오지 않을 것 같은 기분이 들었다. 그래서 마음이 가는 대로 일단 써보기로 결심했다.

잃어버린 나를
찾아서

언제부터였을까? 내가 기억나지 않았다. 좋아하는 것, 하고 싶은 것, 가고 싶은 곳, 같은 것 말이다. 어렸을 땐, 대학 입학과 졸업, 입사까지는 모든 게 나를 향해 있었다. 생각도 행동도 다 내가 원하는 것을 위해 노력했다. 나는 무엇을 잘하며 좋아하고, 앞으로 무엇을 하면서 살 것인가? 무엇으로 먹고살 것인가를 분명하게 말할 수 있었다. 하지만 입사 후 20년 넘게 회사원으로서 살면서, 회사원의 역할에 온통 집중하며 사느라 점점 더 나를 잊었다. 잊어가고 있다는 것조차 인식하지 못했다. 회사원으로 살아간 내가 잘못되었거나 거짓이라는 말이 아니다. 문제는 회사원의 타이틀을 떼버리고 남은 나였다.

지금 와서 보니, 회사원과 분리된 나를 생각해본 적이 없었다. 회사 생활에서 위기가 왔을 때 의연하지 못했다. 그러한 순간마다 나는 막다른 골목에 있는 느낌을 받았다. 뭐랄까 '회사원'인 나는 살아 숨 쉬는 생명체였지만, 나의 존재에서 회사원을 떼어내자, 아무것도 할 수 없는 사람이었다. 그냥 '바보'였다.

게다가 어처구니없게도, '내가 자신을 가장 잘 알고 있다'

라는 것은 대단한 오해였다. 처음엔 인정하지 못했지만, 나를 몰랐다. 디지털 폰 드로잉을 하면서 처음으로 아주 살짝, 나를 꺼내 볼 수 있는 계기가 되었다. 꺼내 보지 않았을 때는 몰랐지만, 그때 나를 생각하며 힐링이 되었고, 조금 더 발견하고 싶은 '끌림'이 있었다. 100일간 100장의 글을 쓰면서 본격적으로 그 끌림으로 들어갔다. 100일의 여정을 마치고 나서 돌아보니, 글쓰기를 통해 이어졌던 끌림은 '필연'이었다.

글쓰기는
처음입니다

매일 글을 쓰고 있다고 말했다. 그 말을 하는 나 자신도 어색해 미칠 지경이었다. 20년 넘게 일하면서 글쓰기라곤 할 틈도 없었고, 마음은 더더욱 없었다. 글 쓰는 것 자체가 내가 해낼 수 있는 영역이 아니었다. 학생 때 과제로 제출한 글 외에는 단 한 번도 써보지 않았다. '글쓰기'는 생각보다 더 힘들었다. 초반에는 그야말로 발악했다. 백일백장은 자정 전에 글을 올려야 그날의 미션 완료가 인정되었다. 등원 셔틀버스 배웅을 마치고 오자마자 자리에 앉았다. 그러나 글이 써지지 않아 방황했다. 녀석들이 오면 내 일정은 올 스톱! 하원 전에 마무리해야 했다. 점심 이후에 글이 마무리되지 않으면, 가슴이 콩닥거렸다. 하원 이후로 넘어가면 저녁 때의 난 그야말로 혼비백산이다. 이대로는 백일을 이어갈 수 없다.

글쓰기 시간 관리가 새로운 미션이 되었다. 나는 업무 특성상 시간을 맞추는 것에 병적으로 민감했다. 무조건 당일 마무리해야 하는 일이라면, 그리고 그것이 어려운 일이라면, 가장 집중이 잘 되는 시간으로 배치해야 했다. '과연 내가 눈뜨자마자 글쓰기가 가능할까?' 하는 의문이 들었지만, 일단 새벽 4시 달리기를 아이들 등원 후 일정으로 바꾸고, 글을 쓰기 시작했다.

그 대신 1시간 내에 글을 마무리하고, 아무리 늦어도 녀석들이 일어나기 전에 발행하는 것을 목표로 했다. 어려워서 하기 싫은 마음이 반복되면 놓아버리기 쉽다. 그래서 내 나름대로 내가 달성할 수 있는 전략과 방법을 세웠다. 글쓰기는 힘을 빼고, 할 수 있는 만큼만 하되, 놓지 않기로 했다. 게다가 졸려서 앉아서 졸거나 멍하지 않을까 했던 생각은 기우였다.

모닝 루틴 1번으로 하루 한 권 영어 그림책 읽기로 뇌를 워밍업하면서 글감을 찾고, 그날그날의 생각을 담아 글을 썼다. 글을 쓰면서 알게 된 간단한 진실은 수십 번을 고쳐 쓴 글과 시간을 정해놓고 마무리한 글의 퀄리티가 크게 차이가 나지 않는다는 점이다. 글이 마음에 들지 않는다 해도, 일단은 글 안에서 매몰되어 허우적대는 그 순간에서 잠시 벗어나는 게 좋다. 하루, 이틀, 아니면 차라리 일주일 정도의 기간을 두면, 내 글이지만 나의 감정이 그곳에서 잠시 벗어날 수 있기에 객관적 시각에서 퇴고하기 좋았다.

글쓰기 초보였지만, 나만의 룰을 세팅하니 글쓰기가 훨씬 수월해졌다. 안 써지는 날엔 힘들게 붙잡고 있기보다는 거기서 마무리하고 다음 날 이어가기. '계속 글이 안 써지면 어쩌나?' 하고 생각할 수 있겠지만, 걱정할 필요 없다. 괜찮다. 나의 규칙대로 '그날 마무리, 다음 날 이어가기'로 하면 되었다. 정말 안 써지는 날에는 그 안 써지는 순간의 감정을 썼다. 짧든 길든 상관없이 쓰기를 멈추지 않았다. 꾸준히 날이 더해지니 글이 잘 써지는 날도 생겼다. 글도 운동과 비슷했다. 매번 쓸 때는 모르지만, 쓰지 않으면 티가 났다. 못 쓴다고, 안 써진다고 안 쓰면 안 된단 말이다. 못 쓰는 글도 매일 쓰니 '글력'도 '근력'처럼 아주 미세하지만 쌓여갔다.

40대 중반, 터닝 포인트:
나를 다시 만나는 글

가끔 녀석들의 과거 영상을 틀어본다. 흘러나오는 음성을 들으니, 그때의 녀석들이 너무 그립다. 사진으로는 절대 느낄 수 없을 감정이었다. 그때마다 늘 다짐한다. 녀석들의 영상을 더 많이 담아놓아야겠다고 말이다. 하지만 요즘 난 이런 생각을 한다. '그때 그 순간의 생각까지 담을 수 있는 동영상이 있으면 얼마나 좋을까?' 하고 말이다.

100일 동안 글에 내 생각을 담아냈다. 하루하루 차곡차곡. 글로 생각을 풀어냈다. 나를 돌아보고, 알아가는 과정에서 촘촘하게 얽힌 실타래도 풀어보고, 그 풀어진 실을 다시 실패에 감았다. 글을 쓰고 당장 읽어보기도 하지만, 며칠 후, 몇 주후에 다시 읽어봤다. 물론 손발이 오글거려 자주 읽지는 못했다. 처음엔 차마 다시 볼 수가 없을 정도였다. 당장 지워버리고 싶었다.

그러나 일정 시간이 지난 내 글을 읽으면서 과거의 나를 만났다. 100일 동안 쌓인 글은 처음과 끝의 내 생각의 변화, 진화, 성장을 알게 했다. 생각은 실체가 없다. 하지만 기록해놓으니 실체가 생겼다. 마흔 중반의 내 생각이 글로 기록되고 있다. 이대로라면 난 네이버가 존재하는 한 언제든지 사십 중반 터닝 포인트에 서 있던 나를 만날 수 있게 되었다.

짜릿했다. 글의 퀄리티는 중요한 것이 아니었다. 글쓰기를 시작하지 않았다면 결코 담아놓지 못했을 나다. 운이 좋았다. 적어도 앞으로 후반부의 삶을 살면서, 언제든 내가 만나고 싶은 나, 구체적으로 써놓은 글 속에 담긴 내 생각을 만날 수 있을 테니까.

글쓰기 100일이면, 내 책을 쓸 수 있다

100이란 숫자는 어떤 의미인가? 100이라는 숫자를 떠올려 보자. 먼저 떠오르는 것이 곰이 사람이 되기 위해 인고의 시간을 거쳤던 100일이다. 동굴 속에서 마늘을 먹고 사람이 된 그 시간 말이다. 100일 후 곰은 사람이 되어 새로운 삶을 시작했다. 이거다! 100일은 완성이자 또 다른 시작이란 말이다. 나도 그랬다. 백일백장을 완주하고 나서 내 책을 쓸 결심, 새로운 도전 시작을 결심했다. 대체 100일 사이에 무슨 일이 있었던 것일까?

'나'를 주제로 글을 쓴다는 것은 참 어려웠다. 처음엔 객관성을 확보하기 힘들었다. 객관적으로 나를 보며 진정 나를 발견해보고 싶었다. 그래서 '그녀'라는 3인칭 시점으로 글을 썼다. 객관적으로 보니, 나를 대상으로 가식을 떨 수도 없다. 떨 필요도 없었다. 그 덕분에 정제된 감정으로 글을 쓸 수 있었다. 이 책의 프롤로그가 3인칭 시점인 것도 그 연장선이었다.

또한, 생각이 많아지는 날엔 글에 담기 어려웠다. 생각이 시작되면, 생각은 꼬리에 꼬리를 물어서 여행을 떠났다. 과거로 미래로 현재로, 좋은 일, 즐거운 일뿐 아니라 떠올리기 싫어 기억 저편에 꼭꼭 숨겨두며 모른 척하고 있었던 고통스러운 일도 만났다. 고통스러운 기억을 꺼내는 것은 정말 힘들었다. 처음엔 피하고 싶어서 다시 집어넣었다. 비집고 나오는 것들은 글 속에 미화시키려 노력했다. 그러나 시간이 가면 갈수록 그 고통의 순간들도 점차 정면 대응할 수 있는 것이 생겼다. 용기가 생겼는지 글에 솔직하게 담아냈다.

어떨 땐 담아내는 것보다는 토해냈다고 하는 것이 더 적절했다. 토해낸 글은 발행하기 두려워 몽땅 지워내고 다시 썼다. 내 블로그를 보는 사람이 아무도 없다고 닥치고 쓰고 올리라고 했지만, 아직 그 정도의 내공까지는 갖추지 못했다.

글을 쓰면서 '글력'만 늘어난 게 아니다. 언제부턴가 글을 발행하고 하지 않고는 중요하지 않았다. 내가 나를 쓰면서 토해냈던 그 자체로 치유가 되었다. 마음은 한결 편해졌다. 그렇게 수없이 반복하면서, 생각하는 힘이 늘어나는 것을 느꼈다. 내면은 그렇게 나도 모르게 조금씩 성장하고 있었다. '글력'이 '삶력'을 올리고 있었다. 그땐 몰랐다. 하지만, 지금 보아하니 그러하다. 글을 쓰지 않았으면, 세상 밖 1일 차의 녹록지 않은 삶을 버티며 적응해 나가는 길은 더 험난했을 것 같다. 처음으로 나를 마주한 100일의 글쓰기로 나도 모르게 삶력이 상승하면서, 난 겁 없이 책 쓰기 결심을 하게 되었나 보다.

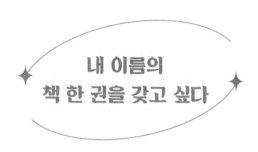

내 이름의
책 한 권을 갖고 싶다

책? 작가가 내게 연예인과 같은 존재라고 언급했었다. 그러니 내가 쓴 책은 내 인생 계획의 그 어느 페이지에도 없었다. 나는 그저 책을 사서 읽는 소비자일 뿐, 생산자는 먼 나라 이야기였다. 내가 그동안 알고 지낸 거의 대부분의 사람들도 나와 비슷한 생각을 하고 있었다. 하지만 자기 계발을 시작하면서 온라인 커뮤니티에서 만난 이들이 앞다퉈 말했다.

내 이름이 쓰인 책 한 권은 꼭 가지고 있어야 한다고 말이다. 도대체 책을 왜 쓰라는 것인가? 궁금했다. 책 쓰기 과정을 홍보하는 무료 강의를 들었다. 아쉽지만 프로필에 담을 한 줄 외에 다른 의미를 얻지 못했다. 게다가 비용은 상상 초월이었다. 전자책부터 종이책까지 비용이 천차만별이었지만, 어떤 과정은 내가 과거처럼 월급을 받는다 해도 감히 시작을 꿈꾸지 못할 수준이었다. 게다가 난 하루 블로그 글 한 개도 쓰기 벅찬 사람 아닌가. 이리 보나 저리 보나 책 쓰기는 '넘사벽'이었다. 역시 책은 나에게는 '감히' 꿈꿀 일이 아니었다.

하지만 백일백장을 시작하면서 조금 달라졌다. 글을 쓰면서 생각하는 힘이 길러져서였을까? 아니면 먼저 책을 쓰기 시작해서 결실을 보는 소식을 들어서였을까? 언제부턴가 책을 쓰는 것은 나와 아주 다른 나라 이야기라고 생각하고 빗장을 쳐놨던 마음이 풀리고 있었다. 처음엔 나 역시 다들 말하던 '인생을 살면서 책 한 권은 꼭! 있어야 한다'고 하는, 그 '책'이라는 종착지에 가려던 생각이었다. 그런데 책 쓰기를 알아가면서 그것은 대단한 오해인 것을 알게 되었다.

나의 '책 쓰기'는 책 한 권이라는 유형의 결과물을 위한 것이라기보다, 앞으로 두 번째 삶을 살아가는 시작의 신호탄이 되어야 한다는 것이었다. 책을 쓸 결심을 했다고 해서 책을 쓸 수 있는 것은 아니었다. 여전히 허들이 많았다. 시간과 비용은 어떤 방법을 동원해서 마련한다고 생각한다 치자. 그럼 내가 누구를 위해 무엇을 쓸 수 있나? 과연 쓸 수 있나? 결국 궁극적인 책 쓰기의 허들은 콘텐츠였다. 콘텐츠 기획자를 만나면서 내 꿈은 현실로 전환되고 있었다.

인생 2막,
빡센 도전 시작

　20년 넘는 커리어를 중단, 사실상 종결하면서 새로운 것을 배우기 시작했다. 다 늦게 허황한 꿈을 꾸고 있는 것은 아닌지 고민과 걱정이 많았다. 그러나 회사 밖 세상은 40대 중후반은 무엇을 정리해야 하는 때가 아니라, 다른 시작을 해야 하는 때라는 것을 깨닫게 했다. 평균연령이 길어지면서 100세를 사는 요즘 시대에 40대는 내 인생의 중간도 아직 안 왔는데, 뭘 벌써 정리를 하고 포기를 하냐고 했다.

　세상은 어느덧 40대를 젊은이에 넣기 시작했다. 40대가 새로운 삶을 위해 배우는 것 자체가 이제는 전혀 이상한 것이 아니었다. 50~60대는 물론이고 70~80대에도 배움을 놓지 않는 이들이 많았다. 이것은 〈세상에 이런 일이〉에 나오는 이야기가 아니라, 놀랍게도 온라인 세상에서 만나는 이들에게는 보편적인 이야기였다. 40대는 무엇이든 꿈꾸고 해내기에 충분한 때이다. 그러니 작가, 저자라는 타이틀에 도전해보는 것은 머뭇거릴 일이 아니며, 지금이 책 쓰기 실행을 위한 콘텐츠를 정하고 계획을 세우고 실행해야 할 때였다.

　난 예쁘게, 수려하게 잘 쓰는 글을 쓸 수 있는 사람이 아니었기에 콘텐츠가 아주 중요했다. '무엇을 쓸까'를 깊게 고민했다. 예상대로 콘텐츠를 잡기 쉽지 않았다. 내가 쓰고 싶은 것에 초점을 맞추기보다는 시장성이 있는 것, 내가 그 안에서 활약을 해볼 수 있는 모델 세팅이 필요했다. 이왕이면 내가 가장 잘 쓸 수 있는 것, 그리고 현재 진행형인 것을 쓰면서 그것을 나의 다음으로 연결 짓는 것을 써야 했다.

누구를 위해, 무엇을 쓸 것인가?

이것들을 조합하여, 세상 밖으로 나온 1년의 시간 속 노력에 초점을 맞췄다. 우선은 '구체적인 도움'을 주기 위해 구체화한 대상을 설정해봤다. 인생의 터닝 포인트를 맞이하는 과정이 나와 같고, 비슷한 나이대인 40대 여성 혹은 퇴사 실현 또는 잠정적인 퇴사를 고민 중인 사람이라는 대상이 구체화되었다. 나의 육아휴직=퇴직을 지켜보며, 그게 남 일 같지 않게 생각하는 많은 이들이 내게 건넨 말이 있었다. "먼저 가서 해보고, 좋은 것 있으면 나에게 알려줘." 나를 앞서 나간 이들도 이렇게 걱정했었고, 나 또한 그러했다. 그리고 앞으로 나올 이들이 같은 걱정과 고민을 하느라 편두통에 시달리고 잠을 설치리라는 것은 자명하다. 이 정도면 시장성은 어느 정도 생성될 것이라는 생각이 들었다.

그래서 내가 첫 번째로 봉착했던 문제에 초점을 맞췄다. 세상 밖 1일 차를 맞이했을 때 원했던 것은 대단한 성공의 법칙이 아니었다. 난 그때 낯선 곳에서 방향이라도 가늠하고 싶었다. 인터넷 연결이 불가한 낯선 여행지에 도착했다고 가정해보자. 익숙하게 검색할 수 있는 환경이 아니라, 걱정 가득 않고, 잔뜩 긴장해 있는 모습이다. 그런 내게 누군가 지도 한 장 쥐어 주고, 각 위치에 무엇이 있고, 그곳에서 무엇을 볼 수 있는지 정도의 설명을 해준다면, 정말 고맙고 유용했을 것이다. 추가로 추천 장소를 알려주거나, 혹은 내가 목적지를 선택했을 때 내가 가야 할 방향과 대중교통을 안내해준다면, 그것만큼 값진 도움이 없을 것이다. 내가 그랬다. 아주 낯선 세상 밖에 홀로 덩그러니 나왔고, 누군가를 붙잡고 묻고 싶었다. 그러나 안타깝게도 인포메이션 센터를 찾지 못했고, 도움을 받을 수 있는 행인도 쉽게 만날 수 없었다. 수많은 가게를 들락날락하거나, 어쩌다 만난 행인을 통해 정보를 수집했다.

나의 그러한 과정이 나쁘고 쓸데없다는 것은 물론 아니다. 그 과정에서 나도 많은 것을 얻고 경험하기도 했고, 게다가 여정이 아직 끝나지 않아 지금도 여전히 고군분투 중이다. 하지만 모든 이가 나와 똑같이 고생하길 바라지는 않는다. 그렇다면 내가 얻은 정보를 정리한 작은 인포메이션 센터를 책에 담는 것이다. 이 책을 통해 그들의 귀중한 '시간과 에너지를 줄여주자'라는 목표가 생겼다.

다시 시스템 속으로
나를 넣다

그런 의미에서 내 책은 지금 내가 살아내고 있는 내 인생에 대한 결과물이자 목표이다. 제일 중요한 것은 책을 쓰는 과정 그 자체가 내 삶을 살아가는 하나의 시스템인 것이다. 책 쓰기를 이야기하는데 시스템과 대체 무슨 연관이 있는지 의아해할 수 있겠다. 사실 시스템이라고 명명하지 않을 뿐, 우리 삶은 수많은 시스템의 연속으로 이루어져 있다.

회사에서는 시스템을 구축하는 데 많은 시간과 노력을 들인다. 일 잘하는 직원이 갑작스레 사직이라도 하거나, 병가라도 가면 단기간 불편함은 분명 있지만, 이내 평소와 같이 돌아간다. 회사는 철저하게 시스템 아래서 돌아가기 때문이다. 특

정 개인에 의해 좌우되지 않고 그 누가 와도 무리 없이 돌아
갈 수 있도록 적절한 시스템을 세팅하는 것이 중요하고, 정해
진 시스템 아래에서 매일의 업무를 하며 성과를 내도록 훈련
해야 한다.

나의 업무는 20년 넘게 잘 짜인 일의 시스템에서 돌아갔
다. 회사뿐 아니라, 내 인생에서도 크고 작은 목표를 향한 결
과물을 내기 위해서 필요한 것이 바로 이 시스템이라고 생각
했다. 그래서 나는 막막했던 마음이 가득했던 그때, 내 1년의
인생을 잘 살아내기 위해, '책 쓰기'라는 시스템 안에 나를 넣
었다. 시스템에 내가 하는 것과 해야 할 것들, 해내야 하는 것
들을 구체적으로 구축했다.

그리고 그 시스템에 탑재해야 할 콘텐츠들을 하나하나 만
들어가야 한다. 또 각각의 콘텐츠로 무언가 주목을 끌고 적어
도 고개를 끄덕일 만한 성과를 내지 않으면 이 책은 결코 만
들어질 수 없다는 것을 알았다. 나에게 책을 쓴다는 것은, 회
사에서의 사업계획처럼, 1년이라는 시간의 프레임 속에서 그
여정을 아주 구체적으로 살아볼 수 있도록 가장 확실하고 단
계별로 잘 짜인, 설정된 시스템인 셈이었다.

두 번째 삶을 위한
전략적 포트폴리오, 나의 책

'책 쓰기', 즉 '책'을 내 두 번째 삶을 위한 목표, 살아갈 구체적인 계획을 담은 시스템이라 정의했다. 내가 지금 잘할 수 있는 것, 앞으로 또 더 잘해 나가야 할 것을 명료하게 구성했다. 그리고 나니 회사 이후에 살아가야 할 두 번째 삶의 첫 번째 포트폴리오의 윤곽이 드러났다. 바로 책의 목차다. 책 쓰기를 결정하고 나서 느꼈던 내 안도감의 원천은 책이라는 결과물보다는, 목차에 구성된 구체적인 두 번째 삶의 전략적 포트폴리오였다. 이제 방향을 못 잡아 방황할 필요 없이 전략적 포트폴리오의 목차를 따라가기만 하면 되었다.

나처럼 책을 쓰고 싶다면, 아웃풋의 관점에서만 생각했던 책이라는 단순한 결과물만을 보고 시작하지 않았으면 한다. 조금 더 전략적인 접근이 필요하다. 유명 작가는 연간 쏟아지는 8만여 종의 책의 저자 중 극히 소수이다. 책을 한번 써보겠다고 하는 막연한 희망, 책이 나옴과 동시에 내 인생을 끌어올려줄 것이라는 피상적인 동경 등에 많이 기대하고 의지하게 되는 것 같다. 하지만 그렇게 추상적인 희망과 바람은 확률적으로 실체 없는 허상에 더 가까울 수 있다.

이왕 쓸 거라면 전략적이고 기획의 시각을 가진 책을 써 봤으면 한다. 이 말이 마음에 와닿지 않는 이들을 위해 다른 표현을 빌리자면, 주절주절 하루의 일과에 느낌을 나열해놓은 일기가 아닌 팔리는 책을 써보자는 말이다. 다시 말하지만, 책은 단순한 아웃풋이 아니라, 내 인생의 무엇인가를 새롭게 시작하는 시작점이다.

지금부터 이 책에 대한 장을 내가 어떻게 기획하고 구성하고 만들어가는지에 대한 이야기들을 풀어가며, 책을 어떻게 쓰면 좋을 것인지에 대한 초보 작가의 아이디어와 노하우를 함께 담아내 보고자 한다. 동병상련, 초보의 마음은 이제 막한 걸음 뗀 초보가 제일 잘 안다. 나처럼 평생 책과 담쌓고 지냈어도, 글 한번 써보지 않았어도, 꾸준함만 장착되면 누구나 자신의 인생을 담은 내 책을 서점에서 만나는 기적을 만날 수 있다. 물론 수많은 길 중에 내 방식이 정석이라고 주장하는 것은 아니다. 한데 어떻게 기적을 만난다고 단정 지을 수 있느냐고 묻는다면, 나도 할 말은 있다.

이미 이 글을 읽고 있다면, 내 책이 세상에 출간되었을 테니 그것으로 충분한 증명이 되었다고 생각한다. 다소 재미없는 여정일 수도 있겠지만, 믿고 한번 같이 따라가 보자. 그 여정의 끝에서 당신은 결국 해내는 사람이 되어 있을 것이다.

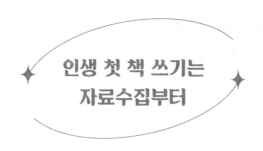

인생 첫 책 쓰기는
자료수집부터

회사에서 일을 할 땐, 1년에 책 몇 권 보기가 힘들었다. 미디어가 발달한 요즘은 더 그렇다. 다른 볼 것도 많고, 정보든 지식이든 전달되는 경로와 방식 또한 빠르게 바뀌고 있어 책보다는 당장 손에 쥔 스마트폰에 눈길이 가기가 쉽다. 그렇다 해도, 여태껏 책과 친하지 않았는데 과연 책을 쓸 수 있느냐고 묻는다면, 가능하다. 내가 그랬다. 나는 다독가가 아니다. 책과 담쌓고 지낸 시간이 더 많았다. 나는 폭식과 편식을 한다. 음식 이야기는 아니다. 마음의 양식 책 이야기이다.

다독하지 않았어도
걱정하지 마라

책 쓰기 첫 단계는 자료수집. 닥치고 보고 읽는 것이다. 읽고자 하는 주제, 그 키워드를 가지고 도서관에서 과거의 책들을 모조리 찾아본다. 포괄적이거나, 인기가 있는 키워드 기반일 경우 검색 PC에서 표시되는 책의 양은 방대하다. 그럴 때 하루에 10~20권 정도를 훑어보게 된다. 내가 읽는다고 표현하지 않고 본다고 표현한 이유는, 그야말로 보기 때문이다. 모든 책을 읽을 필요는 없다. 그렇게 본 책들에서 내게 꼭 필요한 책 일부만 대여해 차분히 앉아서 읽는 편이다. 읽으려고 고른 책을 다 읽을 필요도 없다. 정말 필요한 부분만 골라 읽으면 된다. 추가로 최신간이라 도서관 서가에서 찾아볼 수 없는 책은 서점에서 본다. 신간을 본다는 것은 트렌드를 파악하는 데서 중요하다. 나는 사람들이 꾸준히 찾는다는 점을 결코 가볍게 생각하지 않는다. 그래서 스테디셀러에서 주요 인사이트를 더 많이 얻었다.

요즘 시대에 자료수집을 책으로만 하는 사람은 없다. 유튜브는 물론 각종 온라인 강의와 글이 넘쳐난다. 내가 꼰대 마인드여서 그런지, 그래도 전체적인 맥락과 흐름을 파악하는 데서는 최소한의 정제 과정을 거친 책만 한 것이 없다. 요즘은 전자책도 활성화되어 있어 빠르게 방대한 양의 자료를 모을 수 있다. 하지만 한 가지 짚고 넘어가야 할 부분이 있다. 책에 대한 오해이다. 책은 모두가 대단한, 올바른, 정석의 데이터를 가지고 있다고 생각하지만, 아니다. 프로필에 한 줄이 필요해서 쓴 성의 없는 책도 제법 많다. 많은 양의 책을 훑어서 본 경험이 있다면, 내가 말하는 이 포인트가 어떤 것을 의미하는지 바로 공감할 수 있을 것이다. 그런 책은 시간 낭비할 것 없이 쿨하게 패스하자.

콘텐츠 기획,
무엇을 쓸 것인가?

두 번째 단계는 목적어 찾기다. 내가 무엇을 쓰고자 하는지, 콘텐츠 말이다. 콘텐츠 기획의 시작은 문제점을 찾는 것이다. 표현을 바꾸어서 불편한 점을 찾는다고 해보겠다. 나의 불편함 중에 대중적인 것이 있다면, 그것이 내가 찾는 콘텐츠가 되는 것이다.

'내가 가장 오래 해온 것'

'잘하는 것 혹은 좋아하는 것'

'도전하고 싶은 것'

도전은 말 그대로 백지상대의 지식이나 경험이 전혀 없는 것도

모두 포함된다.

아주 많은 사람도 있을 것이고, 아무리 없다 해도, 적어

도 한 개는 있을 것이다. 그렇다면 그것으로부터 시작하면 된

다. '항목을 적었다고 해서 그것으로 과연 내가 책을 쓸 수 있

을까?'라는 고민, 걱정이 다시 용솟음칠 것이다. 흔들리지 말

자. 하지 못할 이유를 대기 시작하면 그 수는 기하급수적으로

증폭될 것이다. 이제부터는 책을 쓰기 위한 생각만을 하는 것

이다. 각각을 생각할 때 함께 염두에 둬야 할 것은, '누구를 위

해', '무엇을', 그리고 '꾸준히'이다. 각각을 대입해보면서 범위

를 좁혀보자.

　나의 경우는, 처음에 기획자가 내게 내가 가장 오래 했던

것을 기반으로 한 콘텐츠를 생각해보자고 했다. 내가 가장 오

래 했던 것은 일이었다. 업무 스킬, 그것은 오래된 것이기도

하고, 내가 잘하는 것이기도 하다. 어쩌면 좋아하는 것일 수도

있겠다. 하지만 나는 인생을 리프레시하고 싶었다. 과감하게

도전하는 것, 도전에서 경험하는 것을 선택했다. '앞으로 내가 경험할 수 있는 것이 무궁부진하기에 더 많은 쓸거리를 찾을 수 있지 않을까' 하는 기대감이 있었다.

잘하는 것과 좋아하는 것이 즉각 떠오르지 않는다면, 일, 가족 등 다 배제하고, 나의 삶이 우선이었던 꿈 많던 학창 시절의 나로 돌아가서 제삼자의 관점으로 객관적으로 생각해보자. 사소한 것에도 즐겁고 재미 가득했던 나를 만날 수 있을 것이다. 그렇게 잘하는 것, 좋아하는 것을 찾았다. 두 가지가 같다면 더할 나위 없이 좋다. 하지만, 상충한다면 당신은 무엇을 선택하겠는가? 답은 둘 다 옳다. 개인의 선택 문제다. 나의 선택을 묻는다면, '잘하는 것'이다. 그것에 대한 이유는 무엇인가? 좋아한다는 마음만 앞서서 하는 것은 성과를 내기에 긴 시간이 걸린다. '안 된다'가 아니다. 반대로, 내가 잘하는 것이라면 상대적으로 성과를 내기 쉽다. 성과가 지속된다면, 그것을 좋아할 가능성이 더 높지 않은가? 결국 잘하는 것이 좋아하는 것이 되고, 거기에 꾸준함이라는 무기까지 장착되면 게임 끝이다.

마지막으로 콘텐츠 중에 제일 잘 통하는 것 하나가 바로 차별성이다. 남과 다른 '내 것' 말이다. 차별성을 가진 것은 이상하거나 틀린 것이 아니다. 퍼스널 브랜딩의 콘텐츠를 고민하는 이와 컨설팅을 할 때 다수가 자신은 특별히 잘하는 것, 특별히 다른 것이 없다고들 한다. 우리는 모두 각자가 대서사 하나씩은 품고 있다. 살아온 세월이 얼마인가? 다시 돌아보고 살펴볼 새가 없어서 그렇지, 다들 기가 막히게 좋은 콘텐츠를 가지고 있다. 자신을 믿고, 한번 나가보자. 당신은 책을 쓸 자격이 충분하다.

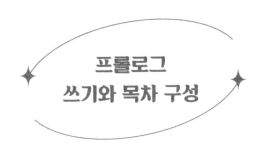

프롤로그
쓰기와 목차 구성

프롤로그는 독자를 만나는 첫 번째 문이다. 첫 번째 문을 열고 나가야 본문에 도달한다. 독자가 문을 열고 나가지 않는 다면, 내가 진심을 담아서 하고 싶었던 이야기는 영영 묻힐 것이다. 잠시, 이 책의 첫 페이지를 떠올려 보자. 첫인상이 어땠는가? 첫인상이 전부를 대변하지 않지만, 그 중요성에 대해서는 공감할 것이다. 소개팅을 나갈 때, 혹은 처음으로 남자친구 부모님을 뵈러 갈 때 우리가 목숨 걸었던 이유를 생각해보자. 첫인상을 좋게 하려는 이유는? 당연히 책을 읽고 싶게 만드는 것이다. 프롤로그의 분량은 미미하다. 하지만 프롤로그는 독자, 작가 모두에게 중요하다.

프롤로그,
책을 계속 읽고 싶게 하라

기억하는가? 우리가 쓰기로 한 책은 프로필에 한 줄 채울 용도가 아니다. 일기장은 더욱 아니다. 프롤로그는 내 책의 첫인상을 결정하는 동시에 책의 기획 의도, 콘셉트를 독자에게 알려주어야 한다. 동시에 책의 방향을 담아야 한다. '어떤 느낌으로 소개할 것인가?'를 구체적으로 생각하며 프롤로그를 채우자. 나의 집필 이유, 명료한 대상과 주제, 이 책을 덮었을 때 독자가 얻을 수 있는 '가치'는 물론, 얻게 될 '혜택'을 담아보자.

프롤로그만으로 전개를 예측할 수 있게 해보자. 이 책을 왜 쓰게 되었는지부터 시작하자. 이때 글을 읽을 독자층에 대한 고민이 필요하다. 누구나 특별한 대상이 되길 원한다. 모두를 위한 책은 아무도 위하지 않은 것이다. 내 이야기를 전하고 싶은 명료한 '타깃 독자'에 페르소나를 설정하자. 나이, 직업, 생활환경, 소비 형태, 최근 관심사, 걱정거리와 같은 정보를 끌어모아 한 명의 캐릭터를 설정하고 실존하는 가장 근접한 인물을 내 주변에서 찾아보자.

나의 프롤로그를 보고 특이하다고 생각하는 이가 많을 것이다. 내가 아닌, 그녀가 등장한다. 내 이야기를 객관적으로 보고 싶었다. 그녀라는 3인칭의 시점으로 바라보았다. 독자도 나와 함께 그녀와 공감 포인트를 찾았으면 했다. 누구나 그녀가 되어 글 속으로 들어오길 바랐다. 그녀는 특별함이라곤 하나도 없다. 아주 평범한 오랜 경력을 가진 직장맘이다. 그런 그녀가 해냈다면, 현재 비슷한 위치의 모든 독자도 할 수 있다. 마지막에 그녀와 공감에서 머무르는 것이 아니라, 용기를 내 한 발자국 나아가 동참하길 바라는 마음을 담았다.

인간은 홀로 태어나서 홀로 사라집니다.
이제 당당하게 내 인생을 살았으면 합니다.

프롤로그는 내게 길에 대한 확신을 뒷받침해준 지도map였다. 본격적으로 본문을 쓰기 시작하면 글이 막히는 경우가 온다. 본문을 쓰는 기간이 길어서 중간중간 흔들리고 불안하다. 그럴 때마다 프롤로그와 목차를 찾았다. 출발지와 종착지, 여정을 되짚어 보며 방향에 맞게 가는지 점검했다. 언제고 다시 돌아와서 방향을 점검할 수 있도록, 프롤로그에는 확실한 목적지와 여정을 결정해두어야 한다.

목차,
책의 뼈대 세우기

다음은 목차다. 프롤로그에서는 콘셉트를, 목차에서는 책의 뼈대를 세우는 일을 한다. 회사의 기획서에 대응해보자. 프롤로그는 기획 의도, 목적, 방향의 큰 줄기를 넣는 것이고, 목차는 세부적인 실행 계획, 일정을 담은 것이라 하겠다. 세부 계획은 어떠한가? 실행하면서 늘 바뀌게 마련이다. 목차는 한 번에 완성되는 것이 아니라, 끝까지 현재 진행형이다. 끊임없이 바뀌고 수정될 수 있다. 목차에서 막힌다고 해서 당황하지 말자. 처음 작성하는 목차는 중심 뼈대의 임무를 수행할 정도면 충분하다.

《쓰려고 읽습니다》(이정훈 지음, 책과강연)에 보면, 책을 쓰는 과정에서 프롤로그와 목차, 그리고 본문의 배치에 관해 우리 생각하는 상식적인 순서와 다른 관점을 제시한다. 보통 책 쓰기의 순서로 따지자면 프롤로그 ⇒ 목차 ⇒ 본문의 순서이지만, 이 책에서는 책 쓰기를 하는 내내 목차를 맨 뒤에 빼놓기를 제안한다. 이유는 콘셉트를 담은 프롤로그와 뼈대를 담당하는 목차를 맨 앞과 맨 뒤에 배치하면서 그 사이에 있는 본문을 쓰는 동안 길을 잃지 않게 하려는 의도이다.

나는 프롤로그 ⇒ 목차 ⇒ 본문 ⇒ 목차의 순서로 목차를 프롤로그 바로 뒤에 한 번 더 배치했다. 즉, 두 개의 위치에 목차를 두고 글을 쓰기 전 먼저 목차를 보고, 글을 쓰는 동안 바로 아래 있는 목차를 보면서 방향을 점검했다.

그렇다면 '뼈대는 어떻게 세울까' 하는 방법론적인 문제에 봉착하게 된다. 우린 1단계에서 자료를 수집했다. 모르긴 해도 다들 많이 해봤을 것이다. 이제 다시 자신이 쓰려는 책과 결이 비슷한 책의 목차들을 점검해보자. 당신은 독자, 즉 구매자였을 때 책을 어떻게 고르는가? 아무런 사전 정보 없이 서점에 갔다고 가정해보자. 일차적으로는 책 제목에 끌려 책을 펼쳐봤을 것이다. 표지를 넘기면서 좌측에 나오는 저자 소개를 쓱 보고 이후에 목차와 프롤로그 혹은 프롤로그와 목차 순으로 그 책을 스캐닝할 것이다. 특히 목차의 경우 일정한 흐름이 있다. 기승전결이거나 결기승전결 등의 형태로 구성되어 있다. 마치 프롤로그와 목차를 보고 나면, 영화의 예고편 한 편을 본 느낌이 들 것이다. 책의 주제가 익숙하다면, 목차만으로도 한 편의 글을 전개해 나갈 수도 있다. 목차를 통해 책을 읽기 전, 내용을 이해하고, 알아가는 데 도움이 될 수 있도록 뼈대를 세워보자.

책의 분량으로 따지자면, 목차까지는 몇 페이지 되지 않지만, 책 쓰기의 과정을 따질 때 절반을 차지한다고 해도 과언이 아니다. 나의 경우 콘텐츠를 찾고 기획 의도를 설명하며 뼈대를 세우는 일까지 오랜 시간이 걸렸다. 이제 중요한 한 고비를 넘었다. 책 쓰기 전문가들이 이제부터는 그냥 목차대로 써내려가기만 하면 된다고 했다. 함께 시작해보자.

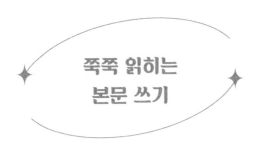

쭉쭉 읽히는
본문 쓰기

책 쓰기 목차를 마무리했지만, 무엇을 시작할지 막막했다. 한글 문서의 하얀 페이지는 낯섦이 가득했다. 도대체가 무슨 말로 시작을 해야 하지? 숨이 막힐 듯 답답했다. 첫 문장이 쓰이지 않아 도통 진도가 나가지 않았다. 1시간을 꼬박 쓰고 지우기를 반복했다. 초고의 첫 문장에서 이런 경험을 하는 것은 그저 나만의 이야기는 아니었다. 더군다나 한글 문서도 익숙하지 않은 초보 작가에게 빈 페이지를 바라보면서 한 줄 써내기란 생각보다 쉽지 않았다.

첫 문장을 쓰는 것은 수도꼭지를 트는 것이다. 물이 나오려면 수도꼭지를 틀어야 한다. 수도꼭지를 튼다고 해서 물이 늘 콸콸 나오는 것은 아니듯, 문장도 그러했다. 그저 한 문장

한 문장을 이어가면서 내가 원하는 문장이 나오길 고대했다. 나처럼 글이 아예 안 써지는 것이 아니라, 첫 문장에 대한 애정을 갖고, 더 좋은 문장을 고민하느라 진도가 나가지 않는 경우도 있다. 초보 작가도 그러한 노력을 하는 것을 하지 말라는 것은 아니지만, 첫 문장에 대한 지나친 집착보다는 일단 글을 매일 이어가면서 이후에 좋은 문장을 노려야 한다.

초기에는 글 한두 줄을 쓰고 나서 지우고 다시 쓰기를 반복했다. 어느 날은 전날 썼던 글까지 지워버렸다. 초고 2~3페이지를 쓰는 데 한 달은 족히 걸렸다. 하지만, 그때 잊지 않고 지켰던 것이 하나 있다. 바로 글을 쓰는 시간을 정해놓고 매일 꾸준히 책상에 앉아 있는다는 규칙이다. 글자 하나를 타이핑하지 못해도, 매일 아침 최소 30분~1시간은 앉아 있었다. 또한 번 '나'와 길고 긴 밀당이 시작되었다. 그때 나의 한글 페이지가 다음 페이지로 넘어갔는지 아닌지는 그리 중요하지 않았다.

그렇게 어렵게 몇 단락 쓴 글이었건만, 마음속 빨간펜 선생님을 만나는 날에 일주일 치 글을 통째로 들어내는 일도 있었다. 일주일의 흔적이 없어지고 다시 하얀 빈 페이지가 되었지만, 다행스러운 것은 글을 쓰는 나는 일주일 전과 같은 자리에 있지는 않았다는 점이다. 가끔은 흔들릴 때도 있었지만, 그럴 때도 글을 써가면서, 빈 페이지로 다시 시작하는 아쉬움을 견뎌냈다. 지루한 싸움이었다.

일주일 동안 단 한 줄도 쓰지 못했던 적도 빈번했다. 답을 절실히 찾던 나에게 책도 사람도 같은 답을 줬다. "괜찮다." 하지만, '정말 괜찮은 걸까?'라는 반문이 들었다. 다시 불안, 걱정, 초조와 싸우기 시작했다. 먼저 책을 낸 저자들은 "자신을 믿어라"라고 조언했다. 일주일 내내 한 글자도 못 썼던 때라 공감하지 못했지만, 포기할 마음은 전혀 없었다.

그 대신 프롤로그로 돌아갔다. 누군가 마법이라도 부린 것일까? 프롤로그를 쓰면서 구체적으로 설정했던 타깃, 페르소나 그녀가 보였다. 그녀와 카페에서 얼굴을 마주했다. 그녀와 수다가 시작되었다. 거짓말처럼 물꼬가 트였다. 오랜만에 만난 그녀에게 이야기를 풀어갔다. 그러자 앞에 있는 그녀가 궁금한 점을 내게 되물어왔다. 대답을 이어갔다. 초고는 다시 한 단락, 두 단락씩 더해져 갔고, 어떤 날은 용케 페이지를 넘기는 경우도 생겼다. 다행히 그렇게 나의 초고가 본격적으로 시작되었다.

초고의 물꼬가 트였지만, 글이 써지지 않는 순간은 빈번히 찾아왔다. 도통 써지지 않는다면, 지금 머리에 떠오르는 그 문장으로 시작하라. 초고에서는 내가 쓰고 싶은 대로, 손가락의 움직임으로만 써 내려가는 글같이, 물처럼 흘러가게 나의 머릿속에 지금 떠오르는 생각의 발자취를 써본다는 마음가짐도 괜찮다. 그렇게 문장들을 이어가다 보면 내가 원하는 문장을 만날 수 있다. 완성이 되지 않은 완벽은 없다. 일단 질보단 양으로 써 내려가야 한다. 초고는 쓰레기라고 했고, 토해내듯 써 내려가라는 기본 가이드에 변화는 없다.

하지만 내 글력(필력)을 향상하게 시키는 노력을 게을리해서는 안 된다. 힘들게 쓴 글이 책이 된다고 해도, 읽히지 않는다면? 끔찍하다. 글을 쓰는 글력은 근력과 같다. 꾸준히 끊임없는 반복과 노력으로 향상이 된다. 무조건 많이 꾸준하게 써야 한다. 매일 쓸 때는 모르지만, 쓰지 않으면 그 티가 난다는 것을 잊지 말자. 그렇게 매일 쓰기의 습관과 훈련이 되면, 중독의 시기가 온다고 했다. 마치 러너스 하이runner's high처럼. 나는 달리기와 글쓰기를 하지만 러너스 하이도 글쓰기 중독도 아직까지 없다. 중독은 아직이지만, 두 가지 모두 내게 성취감, 행복감을 주었다는 점은 부인할 수 없다. 이쯤이면 글쓰기도 달리기도 지속하지 않을 이유를 찾을 수 없다.

잘 읽히는 본문은
따로 있다

하루에 수백 통의 업무 메일을 받아왔다. 메일을 열었을 때 어떤 내용이 처리하기 쉬울지 생각하면 간단하다. 메일 수신인의 입장을 고려한, 간결하게 요점만 쓴 메일이다. 초반에는 글쓰기의 태도와 마음가짐에 집중해 내 몸을 글 쓰는 사람으로 습관 들였다면, 이제부터는 우리의 본래 목적인 팔리는 책을 쓰기로 한 부분에 집중해야 한다. 팔리는 책을 쓰고 싶다면, 본문은 쉽게 읽히고 흥미를 유발하는 것이 중요하다.

쭉쭉 읽히는 흥미로운 책은 어떻게 쓰는가? 전문가들이 제시하는 비결은 생각보다 쉽다. 바로 문장을 간결하게, 명확하게, 쉽게 쓰면 된다. 하지만, 책을 쓰는 초보 저자들이라면 틀림없이 이 '쉬움의 어려움'이라는 높은 벽에 봉착하고 만다. 구어와 문어 사이의 혼란도 있을 뿐 아니라, 내 생각의 현주소를 알게 될 것이다. 얼마나 복잡하고, 불분명하고, 어려운지 말이다. 내 글이 매우 논리적이고 쉽게 읽히는 글이 되었다고 생각했겠지만, 얼마 후 다시 보면 술술 읽히지 않는 경우가 있다.

그렇다면, 문장이 이상한 경우를 살펴보자. 비문非文, 글자 그대로 문장이 아니라는 것이다. 문법 오류. 가장 간단하게 파악할 수 있는 것이 주술 호응 불일치다. 간결한 문장에서는 주어와 서술어가 명확하게 보인다. 바꾸어 말하자면, 글이 길어질수록 주어와 서술어가 한눈에 보이지 않고, 그래서 주술 호응이 어긋나는 일이 생길 확률이 높아진다. 쓰다 보니 문장이 길어졌다면 일차적으로 주어와 서술어를 재빨리 찾아서 읽어보자. 서로가 어색함 없이 어울리는가? 어울리지 않다면 바로 고치자. 이상한 문장만 추려내도 책장이 쭉쭉 넘어간다.

또한, 흥미롭게 쉽게 읽히려면, 독자가 책 주제에 대해 전혀 모르고 있고 관심도 딱히 없다는 가정하에 글을 써야 한다. 초등학교 고학년 학생에게 이야기한다고 생각하며 써보자. 초등학생에게 길게, 돌려서 말하는, 어려운 글을 쓴다는 것은 애초에 읽힐 마음이 없다는 것과 같다. 이런 맥락에서 은유와 상징은 보수적으로 접근하는 것이 좋다. 특히나 글발 약한 초보 저자라면 더욱더 명심할 일이다. 멋 부리다가 저자의 의도가 제대로 전달되지 않게 된다. 독자는 책장을 넘기지 못하고, 반복되면 결국 책장을 덮어버리게 될지 모른다.

간결하고 명확하고 쉽게 쓰는 방법 중 또 하나는 숫자 활용이다. 숫자는 다른 주관적인 관점의 개입 없이 판단, 처리가 가능하다. '매우', '꽤', '많이' 대신 구체적인 숫자를 사용해보자. 간단한 예로 나의 첫 문장을 살펴보자. "미쳤다. '새벽 4시.' 알람을 끄면서 내가 나에게 읊조린 말이다"와 "미쳤다. '매우 이른 새벽' 알람을 끄면서 내가 나에게 읊조린 말이다"의 차이다. '매우 이른 새벽'은 주관적이다. 누군가에겐 새벽 6시가 이른 새벽이 될 수 있다는 말이다.

마지막으로 독자의 흥미를 유발하기 위해 공감을 불러일으키는 스토리를 활용하자. TV 채널 돌리다가 혹은 유튜브를 넘기다 의도하지 않게 멈추는 공통된 한 지점, 바로 출연자의 마음 진한 스토리나 유쾌한 생활 속 에피소드가 나왔을 때다. 스토리가 내 마음을 흔들 때, 출연자가 유명인인지 아닌지는 중요하지 않다. 책도 그와 같다. 초보 작가의 평범한 일상에는 조금도 관심 없겠지만, 문맥에 어울리는 스토리를 적극 활용한다면, 독자의 감정을 움직이는 포인트가 생긴다.

초반 내 스토리는 20년 넘도록 내 전부였던 회사와 다둥이 직장맘의 고민을 담았다. 나와 비슷한 30~40대 직장맘, 조금 확장해서 육아 중인 부모라면 내 이야기를 "맞아!" 하고 공감하며 읽어 내려갔을 것이다. 처음 만난 독자라고 해도 우리가 서로 마주 앉아 있었더라면, 밤새 서로가 공감과 위로의 이야기를 이어갔을 것이다. 이것이 공감의 힘이다. 독자와 공감할 수 있는 스토리를 넣어 마음을 움직여보자.

본문을 쓰는 힘,
꾸준한 공부가 답이다

내 책에 어떤 글을 담을 것인가? 지금은 팔리기 위한 책을 기획하고 써가는 중이다. 그렇다면, 잘 '쓰기' 위한 공부가 필요하다. 첫 단계에서 꽤 많은 자료를 수집했을 것이다. 잘 팔리는 책들을 살펴보면서 원하는 글 분위기, 글체 등을 공부해보자. '쓰기에 자신 없다'라고 말하는 이에게 전문가들의 좋은 문장을 베껴 쓰기를 추천한다. 책 속의 문장을 그대로 필사하는 것으로 시작해보자. 하지만, 여기서 끝이 아니다. 이 좋은 문장은 원저자의 것일 뿐, 내 글이 아니기 때문이다. 그 문장은 허락 없이 그냥 가져다 쓰면 표절, 허락 얻고 출처를 쓰면 인용일 뿐이다. 그렇다면 이는 내 문장력을 높이는 데 큰 도움이 되지 않는다. 나의 심금을 울린 바로 그 문장을 내 것, 내 문장으로 만들 수 있는 공부가 필요하다.

《쓰려고 읽습니다》에서는 이것을 문장 수집이라고 한다. 좋은 문장을 그대로 베껴 쓰는 데서 끝내는 것이 아니라, 그 문장을 가만히 바라보면서 그 순간 떠오르는 영감을 더해서 나만의 문장으로 재탄생, 재창조시키라는 것이다. 단순한 베끼기와는 차원이 다르다. 단순히 밑줄을 긋고 베껴 쓴 문장은 책에서 내가 중요하게 느낀 지점을 볼 수 있게 해주고 그 의식의 흐름을 객관적으로 볼 수 있게 해주지만, 이것은 잘 '쓰기' 위한 읽기가 아니다.

나도 그의 책을 읽고, 100일간 100문장을 쓰는 100문장 프로젝트에 참여했다. 또 100일이냐고 생각할 수 있겠지만, 어떤 것이 몸에 체득되기 위해서는 최소 100일은 쉬지 않고 해봐야 한다. 작정하고 '쓰기'라는 아웃풋을 위해 읽으면서 생각하며, 더듬더듬 나의 문장을 만들어내기 시작했다. 처음엔 원문장을 써놓고 째려봤다. 도대체 무엇을 어떻게? 마치 초고를 쓰려고 한글 페이지를 열고 앉았던 그날의 느낌과 비슷했다. 하지만, 매일 결과를 도출해야 하니 초고처럼 몇 날 며칠 빈 페이지를 바라볼 수 없었다. 내 삶과 연결해 맥락을 찾는 것이 쉽지 않았다.

그래서 원문장을 계속 바꾸었다. 문장 공부는 애써 분량을 제한하지 않았다. 원문장 길이대로 나오면 나오는 대로, 때론 더 짧거나 길게, 다 괜찮았다. 그렇게 문장을 바꾸다가 한순간 어떤 생각이 떠오르면 글을 적었다. 애써 30분에서 1시간을 작성한 문장보다, 바로 떠오른 영감에서 온 문장에 더 반응이 좋을 때가 많았다. 문장 공부에 정답은 없다는 이야기다. 내 삶과 연결된 문장에 누가 옳다, 그르다를 말할 수 있겠는가? 걱정하지 말고 지속해서 문장을 모으고, 생각하는 시간을 가져보자.

나의 문장 공부 7일 차 문장 예시

1) 원문장

주제란 깊은 밤의 가로등입니다. 주제가 분명할수록 방향은 흔들리지 않습니다.

(출처:《쓰려고 읽습니다》이정훈, 2023, 책과강연)

2) 나의 문장

뚝심 100페이지의 글을 써 내려간 지난 몇 달간, 바른길을 찾지 못하고 헤맸던 순간이 종종 왔다. 그때마다 프롤로그로 목차로 돌아갔다. 그리고 다시 힘을 냈다. 그때의 힘이 뚝심이다. 굳세게 버티거나, 감당하여 내는 힘 말이다. 위기의 순간, 뚝심으로 인생을 버티며 살았다. 삶을 올바르게 살아내길 원한다면, 뚝심은 선택이 아닌 필수다.

나의 영감은 원문장으로부터 시작된다. '그렇다면, 원문장을 잘 골라야 하겠구나!' 하는 생각이 먼저 들 것이다. 문장 공부를 하는 문장을 택하는 방법은 여러 가지가 있다. 내가 자료를 수집했던 책 중에 한 권을 골라서 쭉 읽어가면서 좋은 문장들을 내 문장으로 만들어볼 수도 있고, 필사 노트에 혹은 메모장 혹은 각종 파일에 수북이 쌓인 좋은 문장으로부터 시작해도 된다. 모아놓은 문장이 없다면, 서가에 꽂힌 책에서 그날그날 찾아봐도 괜찮다. 하지만, 얼마 안 가서 매일 문장을 찾는 것이 좀처럼 쉽지 않다는 것을 느낄 것이다. 그러면 자연스럽게 생활 속에서 책뿐 아니라 영화, 노래 가사 등 모든 곳에서 마음에 드는 문장을 수집하고 있는 나를 발견할 것이다.

나처럼 다독가도 아니고 모아놓은 문장도 충분치 않다면 한 권을 골라서 정주행하자. 난 100일간 그렇게 두 권의 책을 독파했다. 100일이 지난 후에 되돌아보니, 문장 공부는 나의 '쓰기'의 주제를 확장해줬을 뿐 아니라, 사고의 폭을 점점 더 넓혀줬다. 쓰기에 자신이 없다면, 좋은 문장을 수집하고, 거기에 내 생각을 넣어 내 문장으로 만들어보는 훈련을 해보자. 글도 근육처럼 꾸준히 쓰면 실력이 쌓인다. 게다가 문장 공부는 생각하는 힘까지 길러줬다. 이건 비단 내 이야기만이 아니다. 함께 프로젝트를 진행했던 작가들의 생생한 증언이다. 진정한 읽기와 쓰기 실력, 사고의 확장이 필요하다면, 문장 공부를 강력히 추천한다.

본문은
장기전이다

　본문은 장기전이다. 멘탈을 꽉 잡고 있어라. 글이 안 써지는 일뿐 아니라, 황당한 일들도 생긴단 말이다. 책 쓰기는 처음이다. 누구나 처음은 예측하기 어렵다. 인정하기 싫겠지만, 실수도 할 수 있다. '왜 이런 것을 생각하지 못했지?' 혹은 '알면서 왜 난 이것을 대비하지 않았지? 라는 생각에 자책할 수 있다. 한번은 갑자기 랩톱이 다운되어 모든 자료를 날렸다. 클라우드에 백업을 미뤄뒀다가 낭패를 당한 것이다. 업무를 볼 때는 비일비재하게 일어났던 경우라 수시로 자료를 백업했었다. 방심과 게으름의 결과였다. 나중에 먼저 책을 내본 경험이 있는 저자들과 얘기를 나누어보니 나만의 문제가 아니었음을 알게 되었다. 클라우드 백업은 물론, 파일이 손상될 경우를 대비해 챕터별로 파일을 나누어 저장한다고 했다. 다행히 난 카페에 올려둔 원고가 있었다. 며칠 분량의 글과는 이별했지만, 다 날아가지 않았음에 감사했다.

　이럴 때일수록 자신을 믿어라. 믿을 것은 자신뿐이다. 그 순간을 극복하고 한 단계씩 나아가며 꾸준히 내 페이스대로 초고를 써 내려가는 것이 중요하다. 철저히 준비한다 해도 삶의 변수는 꼭 있다. 변수는 불편하다. 그때마다 심하게 흔들리는 멘탈을 바로잡지 않으면, 포기하게 된다. 이때 포기보다는 변수를 인정하고, 풀어가라.

내 글에 자신이 없어 이래서 책이 나올 수 있을까 걱정되는가? 걱정하지 마라. 퇴고에서 지겹도록 고칠 것이다. 글은 고치고 고치면서 완성된다. 더군다나 초보 작가에게 처음부터 완벽한 글은 존재하지 않는다. 글의 퀄리티 기준이 다르지만, 유명 작가들도 그렇다니 이 또한 당연한 과정으로 받아들이면 된다. 명심하자. 초고는 질보다 양이다. '꾸준히 정해진 시간과 분량을 사수하라'는 것은 글 쓰는 이의 기본 중에서 기본이다. 월드클래스 손흥민 선수를 길러낸 아버지 손정웅 씨가 강조했던 '기본기', 우리도 필요하다.

퇴고에서
투고까지

　이제 거의 막바지에 다다랐다. 퇴고. 힘을 내보자. 일단 내가 쓴 원고에서 한 발 빠져나오자. 배우들이 캐릭터에서 빠져나오기가 힘들다는 것처럼 작가도 그러하다. 그렇지만 쓰고 있는 글에서 잠시나마 벗어나 거리두기를 하는 것은 열심히 글을 쓰는 것만큼이나 중요하다. 조금 쉬고, 또 다른 일들에도 관심을 가지며 주의를 환기시키자. 얼마간의 완충 기간을 가졌다면 이제부터는 철저하게 독자의 시선에서 원고를 바라보자. 논문처럼 작정하고 어렵게 쓴 글이 아니라면, 독자는 이해하기 쉬운 짧고 명료한 글을 원한다.

철저하고 냉철하게
바라보기

글을 쓰면서 가장 많이 들었던 대표적인 말은 "길다"였다. "문장이 길다", "단락이 길다", "호흡이 길다". 누구보다 군더더기 없고 짧고 명료한 것을 좋아한다. 정작 내 손끝에서 나온 창조물은 전혀 그렇지 않았다. 문제점은 무엇인가? 전달하고자 하는 내용이 명확하지 않았다. 확신에 찬 글은 간단명료하다. 과한 것은 부족한 것과 같다고 했다. 과감히 줄여보자. 아까워 글을 도려내지 못하겠는가? 글쓰기 초보가 겪어야 할 성장통이다. 팔리는 책을 위해, 초고까지는 너그러웠다면, 이제부터는 냉철해지자.

퇴고는 여태까지와는 아주 다른 전개다. 마치 내일 회사 대표로 큰 규모의 프로젝트를 고객사에서 프레젠테이션해야 하는 디데이 전날을 떠올려 보자. 짧은 시간에 남은 모든 에너지를 끌어와 최종본을 만들어내는 과정이다. 한 치의 오차도 용납되지 않는다. 자료를 아무리 완벽하게 작성했다고 해도 늘 존재하는 것, 바로 오류와 오타. 오류가 발견된 순간, 식은 땀이 비 오듯 쏟아진다. 몇 달간의 수고가 하루아침에 물거품이 될 정도의 치명타가 된다. 섬뜩하다. 퇴고가 그러하다. 중요 프로젝트를 앞둔 직전의 마음으로 원고를 바라봐야 한다. 퇴고에서 기억해야 할 한 단어는 '철저히, 냉철하게'다.

출력과 소리 내어 읽기, 녹음을 통해 최종적인 흐름을 점검해보자. 출력하고 읽고, 수정하는 반복의 시간을 갖자. A4 100장짜리 초고를 도대체 몇 번 출력하라는 말이냐고 하겠지만, 이는 종이 낭비가 아니라, 마지막 원고를 대할 때 나의 마음가짐이었다. 이렇게 기본적인 흐름과 맞춤법을 점검했다면, 이제는 소리를 내 읽어보자. 스스로 읽어보고, 또 실제로 앞에 사람을 두고 읽어보자.

그리고 한 단계 나아가, 책 내용을 강연한다고 생각하면서 읽어보자. 쓰인 글로서는 손색이 없지만, 낭독했을 때 걸리는 부분이 있다. 자연스럽지 않다는 것은 상대에게 잘 들리지 않는다는 것. 그렇다면 이해하지 못할 것이고, 관심을 끌기 어렵다. 소리 내 읽어본 후, 녹음해서 들어보자. 녹음파일을 오디오북이라 생각하며 어색한 부분들을 점검, 수정하며 이해가 잘될 때까지 고쳐보자.

누군가는 내 원고에 넌덜머리가 날 정도까지 퇴고하라고 했다. 각 꼭지를 정말 수도 없이 고쳐 쓰며 공을 들였지만, 부족한 느낌을 받을 때가 있다. 그러나 마음에 들지 않는다고 해서 계속 잡고 있을 수는 없는 노릇이다. 이후에 출판사에서 교정 교열의 과정이 남아 있으니, 그만 미련 떨고 전문가에게 바통을 넘기자. 성격상 퇴고에서 손을 놓지 못할 것 같다면, 시작 전 퇴고의 횟수와 데드라인을 설정하고 무조건 지켜라. 퇴고할 때 더 집중하고, 신중히 처리할 수 있다.

아직도 퇴고 중이라면, Done is better than Perfect! 미련을 버리고 지금 놓아라.

에디터를 사로잡아라

드디어 마지막! 투고. 책 출간까지는 아직 몇 단계가 더 남았다. 그러나 어쨌거나 원고가 내 손을 떠나게 되는 때를 기준으로 마지막이라는 뜻이다. 이 순간을 위해 누군가는 짧게 서너 달일 수도 있지만, 나는 콘셉트를 잡고 문체를 잡아가는 데만도 족히 서너 달이 걸렸다. 여태껏 고생한 것으로 따지자면, 다들 눈물 없이 지나갈 수 없을 것이다. 퇴고를 마친 지금, 이 순간 기분이 어떨까? 아쉬움, 섭섭함, 성취감과 후련함, 한 단어로 그 감정을 담기엔 복잡 미묘한 감정이다. 시원함도 있다. 하지만, 내가 원하는 결과를 얻기 위해 마지막 스퍼트를 할 때이다. 산고 끝에 나온 첫 창작물을 간단하고 명확하게 소개해보자.

1년에 8만여 종의 책이 쏟아진다고 하는데, 그것은 실제 결과물로 나온 책의 숫자이니, 투고의 양으로 따지자면 상상 초월. 출판사 에디터의 메일박스에서 선택될 수 있도록 눈에 띄는 제목을 내걸 수 있다면 좋지만, 그보다 중요한 것은 에디터가 메일 제목을 클릭하고 내용을 확인하는 그 순간에 그의 마음을 사로잡는 일이다. 즉, 짧은 순간에 내 책에 흥미를 갖고, 집필 배경과 의도를 파악할 수 있게 해야 한다. 전하고 싶은 말이 많다는 것을 안다. 내가 그간 얼마나 고생하며 열심히 썼는지, 혹은 내 책이 얼마나 좋은지 어필하자면 구구절절 끝도 없다. 하지만 단순함의 미학이 한 번 더 필요하다. 간단명료하게 2~3페이지짜리 출간기획서를 작성해보자.

빠른 결재의 성공 공식 제1원칙, '하고 싶은 말을 먼저 하고 시작하자'이다. 5분 후에 중요 회의가 시작된다. 이 시간 급한 결재 건을 들고 와서 바쁜 상사를 붙잡고 이 결재 서류에 담긴 내용을 태생부터 읊조린다면? 결재를 받기는커녕, 상사의 화를 돋울 뿐이다. 출간기획서에 담아야 할 내용 중 가장 중요한 것은 맨 처음 단 한 문장, 길어야 두 문장으로 핵심 콘셉트를 설명하는 것이다. 나는 내 첫 번째 책의 핵심 콘셉트를 이렇게 설명했다.

이 책은 퇴직을 꿈꾸지만, 회사 밖 삶에 문외한인 40대 중후반 커리어우먼을 위한 책입니다. 퇴직 후, 처음으로 내가 주체가 되는 삶을 시작하는 데 필요한 첫 번째 가이드북입니다.

나의 100페이지 초고는 두 줄과 함께 메일로 날아갔다.

아직 끝이 아니다, 이제부터가 진짜 시작

내 손에서 원고가 떠났다. 이제 끝이라고 생각했을 수 있지만, 이제부터다. 내가 지금까지 쓴 책의 여정은 이랬다. 관련 서적을 독파하고, 내 나름대로 옳다고 믿는 기본기, 순서를 지키며 결국 원고를 마감했다. 하지만, 내가 책을 냈던 여정은 결코 간단하거나 쉽지 않았다. 지나고 나면 기억도 순화되고, 앞에 보이는 결과물에 대한 기대 때문에 과거의 힘든 여정이 미화된 것일지도 모른다.

하지만 진짜 고통스럽거나 할 수 없는 일들, 중도 포기하

거나 성공하지 못한 일들에 대해서는 끝까지 자신도 좋은 평
가를 할 수 없는 경우가 대부분이다. 그럼에도 지금 내가 이렇
게 뒤돌아보면서, 웃으면서 다른 이들에게 책 쓰기를 권할 수
있는 것은 그것이 견딜 만했고, 견디고 나서 얻게 된 결과치가
과정을 다 보상할 만큼의 가치가 있기 때문이다.

책 쓰기 끝 지점에 다다르고, 나도 이제껏 쭉 기록하면서
책을 쓰고 보니, 그제야 보이는 것이 있었다. 그것은 바로 책
을 낸 후의 실체라고 해야 할까? 먼저 책을 낸 저자들과의 만
남에서 그들의 이야기를 들어보니, 책을 낼 때 추상적으로 생
각했던 인생의 큰 변화 또는 그런 기대와 현실은 좀 다른 면
들이 분명히 있다는 점이다.

다시 말하자면, 책이 나왔으니 세상이 나를 주목해줄 것
이라고 여기는 것은 오판에 가깝다. 그것은 너무 긍정적이고,
낙관적인 생각이다. 한 해에 쏟아지는 책의 수를 떠올릴 때,
그러한 기대를 하는 것조차가 애초에 말도 안 된다. 책을 낸
모두가 베스트셀러 작가가 되어 우리가 기대하는 금전적인
보상을 받은 것은 아니다. 그렇지만 분명한 것은 책을 낸 사람
은 모두 개인의 성장을 이루었다는 것이다.

책 쓰기는 글쓰기와는 차원이 다르다. 그것을 기반으로
했지만, 더 많은 여정을 포함하고 있다. 여정이 수월했든 고됐

든, 어쨌거나 우여곡절을 다 거쳐서 책이라는 결과물을 손에 쥐었다. 긴 시간의 노력을 들여 복잡다단했던 그 여정을 다 헤쳐나왔는데, 성장을 하지 않는 것이 더 이상하지 않은가?

책 출간이 인생의 성공적인 신호탄이 되지 않는다는 것은 알겠다. 그렇다고 해서 박수 몇 번 치며 "책이 나왔으니 이제 끝!"이라고 선언하려고 책을 쓰기로 한 것은 아니었다. 책이라는 1차적인 아웃풋이 임박했을 때 질문이 생겼다. '과연 나는 이제 무엇을 해야 하는가?' 물론 이 고민이 지금 새롭게 튀어나온 것은 아니다. 왜냐하면 나에게 책이라는 결과물은 종착지가 아닌 출발지였기 때문이다. 퍼스널 브랜딩에 중요한 역할을 하는 내 이야기(콘텐츠)를 담은 것이 바로 책이다. 그렇다면, 이제부터 책을 매개체로 한 나의 다음 단계인 홍보, 나를 알리기를 본격적으로 시작해야 한다.

이제 막 데뷔한 가수를 생각해보자. 연습생들을 데뷔시키기까지 일련의 과정에서 피나는 노력이 들지만, 홍보를 위해서도 상상할 수도 없을 만큼 큰 노력이 들어간다. 그렇게 해도 성공을 보장할 수 없는 것이 현실이다. 처음에 자기 존재와 자기만의 이야기를 알리는 데 성공했다고 해도 지속은 또 다른 이야기다. 나도 이제 책을 통해서 내가 내세울 수 있는 이야기(콘텐츠)가 가시화·실체화되었으니, 이제는 적극적으로 내 콘텐츠를 밖으로 알릴 준비를 해야 한다.

알릴 준비, 그리고 알리기에 들어가려면 어떻게 해야 할까? 그렇다. 연결되어야 한다. 바로 네트워킹이 필요하다. 나를 중심으로 한 연결 고리를 찾아야 한다. 바로 커뮤니티다!

1년의 미라클

11년 만의 임신, 축하보다는 쏟아지는 걱정과 우려가 컸다. 세쌍둥이를 임신한 고위험 산모. 누구든 걱정하는 것이 이상하지 않았다. 주변에서 걱정해주는 것은 정말 고마운 일이었다. 그러나 때로는 주변의 걱정과 우려가 나를 저세상으로 보내기도 했다. 왜냐하면 나는 늘 걱정이 앞서는 성격이기 때문이다.

다행히 임신기간 때는 조금 달랐다. 걱정을 움켜쥐고 있지 않았다. 아니, 않으려 노력했다. 걱정에 휩싸여서 나 자신을 가두고 있었더라면, 남보다 짧았지만 길고 길었던 34주 동안 지옥의 한가운데 있었을 수도 있었다. 내가 어떻게 걱정을 놓고 지냈지? 걱정덩어리인 내가? 아마도 극한의 상황에서 생긴 생존본능 같은 게 아니었을까? 어떻게든 걱정은 잊고, 건강하게 출산하는 데 집중했다. 힘들어도 내가 오랫동안 원했던 순간이 아니던가.

휴직, 아니 퇴직의 날. 많은 직장인이 꿈꿔왔던 순간일 수
있다. 또한 때가 되면 담담히 받아들여야 할 순간이다. 막연
히 동경할 때는 핑크빛이다. 하지만, 상황에 대한 구체적인 로
드맵을 그려보지 않았다면, 그 잿빛 실체를 만날 것이다. 아
니, 그려봤다고 해도 두려움과 걱정이 몰려든다. 지나고 보니
그 감정은 두려움이나 걱정보다는 낯섦에 더 가까울 수도 있
는데, 처음에는 당황스러워서였던 탓인지 차이를 얼른 깨닫지
못했다.

나의 걱정도 그러했다. 휴직 결정 후 힘든 상황의 모든 경
우를 상상하며 걱정했다. 인생을 살면서 누구에게나 힘든 상
황은 반드시 온다. 그러나 힘든 상황은 '상황'일 뿐이다. 걱정
한다고 해서 나아지는 것이 없다. 시간이 지나면 다 해결된다
고 하지 않는가. 어떻게든 시간은 가고, 그 시간을 능동적으로
사용하는 사람에게 기회가 있다.

걱정 대신, 상황과 감정을 분리해서 생각하라. 실체도 없
는 걱정과 불안을 움켜쥐고 있으면 새로운 것을 채워나갈 수
없다. 끝나지 않을 것 같은 어둡고 긴 터널 안에 있다고 생각
하는가? 두려움에 사로잡혀 현재 상황을 제대로 보지 못하고
있는지도 모른다. 어쩌면 스스로 눈을 가리고서는 앞이 보이

지 않는다며 하소연하고 있을지 모른다는 말이다. 제발 이제 그만 걱정해라.

당신은 무엇이든 새롭게 시작할 수 있다. 지금은 바로 그런 시대다. 플랫폼, 커뮤니티 등 개인이 활동할 수 있는 장이 많이 생겼다. 책도 포함이다. 전자책뿐 아니라 과거보다 출판하기가 쉬워졌다. 자신의 장점(콘텐츠)을 제대로 알고 키워갈 환경이 만들어진 시대라는 말이다. 개인에게 기회가 점점 더 확대되고 있다. 또한 원 소스 멀티 유즈로 한 개의 콘텐츠를 다양하게 활용할 수 있다.

내가 모른다고 해서, 기회와 방법이 없다고 생각하지 마라. 원하는 것을 꾸준히 찾고 탐구하며 그것을 성취할 기회를 잡기 위한 준비를 해야 한다. 기회는 준비된 자에게 오는 것일 뿐 아니라, 하늘은 스스로 돕는 자를 돕는다. 내 기회는 내가 스스로 적극적으로 만드는 것이다. 마흔의 육아맘도 얼마든지 자신의 새로운 삶을 살아내고 있다. 내가 언제든 도망칠 구실로 삼고 있는 나이, 그리고 육아는 더 이상 핑곗거리가 되지 않는다. 해본 자와 해보지 않은 자, 나는 어느 그룹에 속하고 싶은가?

추상적으로 계획하지 말고 딱 1년, 내가 했던 것처럼 해보라. 배우기를 두려워하지 마라. 노션, 캔바는 당신이 성장하는

데 필요한 무기다. 오늘 처음 노션, 캔바를 접했다고 해도 겁낼 필요가 없다. 구체적인 계획과 꾸준함만 있다면 무조건 가능하다. 내가 그랬다. 1년, 시작하기 전에는 긴 시간으로 느껴진다. 하지만, 시간 속에 시작과 끝, '목표'를 정해놓고, 목표 달성 방안을 구체적으로 작성해 몰입해보라. 하루가 어떻게 흘러가는지 모르게 바빠질 것이다. 게을러질 틈이 없다.

당신이 가진 콘텐츠를 구체화하고자 한다면, 인생 최초로 책 쓰기에 도전하라. 책을 인생의 하나의 시스템으로 사용하며 프롤로그에 밑그림을, 목차에 시작부터 끝까지 여정을 넣어보자. 이 둘은 책을 쓰는 1년 동안 내 삶의 여정에 구체적인 가이드라인이 되어, 불안하거나 흔들리지 않는 명확한 삶을 살게 해준다. 그렇게 1년을 살면, 당신은 그토록 원하던 아웃풋!, 책을 손에 쥐게 된다. 내가 소개한 것 중에 실행의 우선순위를 묻는다면? 이미 눈치챘겠지만, 1년의 미라클의 결정체, 바로 '책 쓰기'다.

책 쓰기와 동시에 세상으로 들어가라. 커뮤니티는 이제 거스를 수 없는 대세다. 나는 지난 1년 사이에 커뮤니티가 얼마나 빠르게 확장해가는지 확인했다. 책은 콘텐츠를 만드는 것이다. 그러므로 책을 낸 사람들은 더욱더 커뮤니티 비즈니스에 관심을 가져야 한다. 가시화·실체화된 나의 콘텐츠를 중심으로 커뮤니티를 만들고 키워가면서 책이 나온 즉시 커뮤니티를 중심으로 확산할 수 있도록 준비하는 작업이 필요하다.

본문 내용을 기억하는가? 나는 커뮤니티의 일원으로도 익숙하지 못하던 초기에 '뉴미NewME'라는 자기 계발 커뮤니티를 만들었다. 커뮤니티 비즈니스에서는 내 이야기를 신뢰하게 하고 팬을 만드는 게 중요하다. 가장 중요한 요소가 무엇일지 고민해보니, 바로 강연이었다. 현존하는 커뮤니티를 살펴보면, 커뮤니티는 강연을 중심으로 확장이 되고 지식과 경험을 공유하는 형태로 만들어지고 있었다. 따라서 여기서 자신이 가지고 있는 것을 얼마나 매력적으로 어필을 하느냐에 따라서 커뮤니티 확장성은 달라질 것이라고 본다.

나는 커뮤니티 내에서 무료 강연을 통해 내가 매력적으로 느꼈던 도구들을 알리고 있다. 이런 방식으로 커뮤니티 내에서 소통하며, 나의 콘텐츠의 유용성과 반응을 살폈다. 그리고, 이것이 커뮤니티의 최초 시드이다. 투고 후 책이 나올 때까지 최소 서너 달이 걸린다. 서너 달이라 하면, 시간이 많다고 생각할 수도 있겠다. 하지만 그렇지 않다. 망설이는 만큼, 아니 그보다 훨씬 더 뒤처질 것이다. 기억하자. 커뮤니티는 이제 선택이 아닌 필수다. 커뮤니티는 세상의 중심이 될 것이다. 그리고 커뮤니티의 중심에 바로 내가 있어야 한다.

용기를 내라. 젊은 시절 당신을 생각해보라. 여전히 당신은 가능성이 충분하다. 일단 시작하면 충분히 이룰 수 있다. 40대, 앞으로 30~40년은 더 일해야 한다. 냉정하게 따지면, 여태껏 일해왔던 시간보다 일을 해야 할 시간이 더 많이 남았다. 전반부까지 잘 살아왔다. '엄마'라는 타이틀만 가지고 살기엔, 당신이 너무 아깝다. 미래에 대한 실체 없는 불안, 조바심에서 벗어나자. 이제 진정 삶을 즐기는 생산적 전문가로 거듭나라. 믿을 것은 나 자신뿐. 나를 믿고 꾸준히 가다 보면, 분명 내가 원했던 그곳에 서 있는 나를 발견할 것이다.

책을 다 읽었지만,
아직 무엇을 해야 할지
모르겠다면?

이제 내 얘기는 다 끝났다. 마지막 장을 마무리하며, 문득 이런 생각이 들었다. "이 책을 읽고, 바람대로 내가 주체가 되는 두 번째 삶을 살아가는 데 필요한 방향과 방법을 찾은 독자들이 있겠다. 하지만, 그중에 책을 읽긴 다 읽었는데, '나 지금부터 무엇을 해야 하지?'라는 생각을 하는 독자도 있을 텐데…"라는 생각 말이다. 내가 주체가 되어, 중심이 되는 삶과 처음 대면하는 것이라면 당연히 그럴 수 있겠다. 이런 생각이 들었다면 일단, 지금부터 스스로 무엇을 해야 할지 고민을 시작하는 것으로부터 출발해라.

고민하는 시간을 갖는 것은 정말 중요하다. 왜냐하면, 고민한다는 것은 직면하려는 용기가 있다는 방증이다. 고민의 시간은 생각을 통해 자기 문제의 실체를 파악할 수 있기 때문이다. 당장 막막하더라도 일단은 고민하는 시간을 충분히 가져보길 바란다. 더 어둠 속으로 빠져드는 듯한 착각이 들 수도 있겠지만, 아니다. 그것이 바로, 그곳으로부터 빠져나오는 첫 걸음이다.

하지만 고민하다가 실마리가 잘 안 풀리지 않는 사람들에게는 다음과 같은 행동을 추천한다.

첫 번째, 두 번째 삶을 준비하는 당신을 위한 커뮤니티 뉴미 NewME에 들어와라.
두 번째, 무료 상담 신청을 해라.

나는 '그렇다면, 이제부터 무엇을 해야 하지?'라고 생각하는 독자에게 책에서 정답이 아니더라도 어떠한 답이라도 주고 싶었다. 원고를 쓰는 틈틈이, 일상생활에서 지속해서 고민했다. 그렇지만 답을 낼 수가 없었다. 왜냐하면, 이것이야말로 지극히 각 개인의 라이프스타일, 생각 등이 세세하게 반영되어야 구체적인 도움을 줄 수 있는 영역이기 때문이다. 책 출간 후 100명의 독자에게 무료 컨설팅을 진행할 예정이다. 컨설팅을 통해 당신의 지금 상태를 점검해보자. 컨설팅 참여는 막연하게 답을 찾지 못한 이에게 분명 도움이 될 것이다.

1년의 미라클

—

1판 1쇄 인쇄 2024년 4월 22일
1판 1쇄 발행 2024년 5월 3일

—

지은이 류지연

—

펴낸이 김동식
펴낸곳 반니
주소 서울시 강남구 영동대로 502, 2층
전화 02-6004-9304
전자우편 banni@interparkshop.com
출판등록 2006년 12월 18일(제2024-000108호)

—

ISBN 979-11-6796-169-3 03320

—